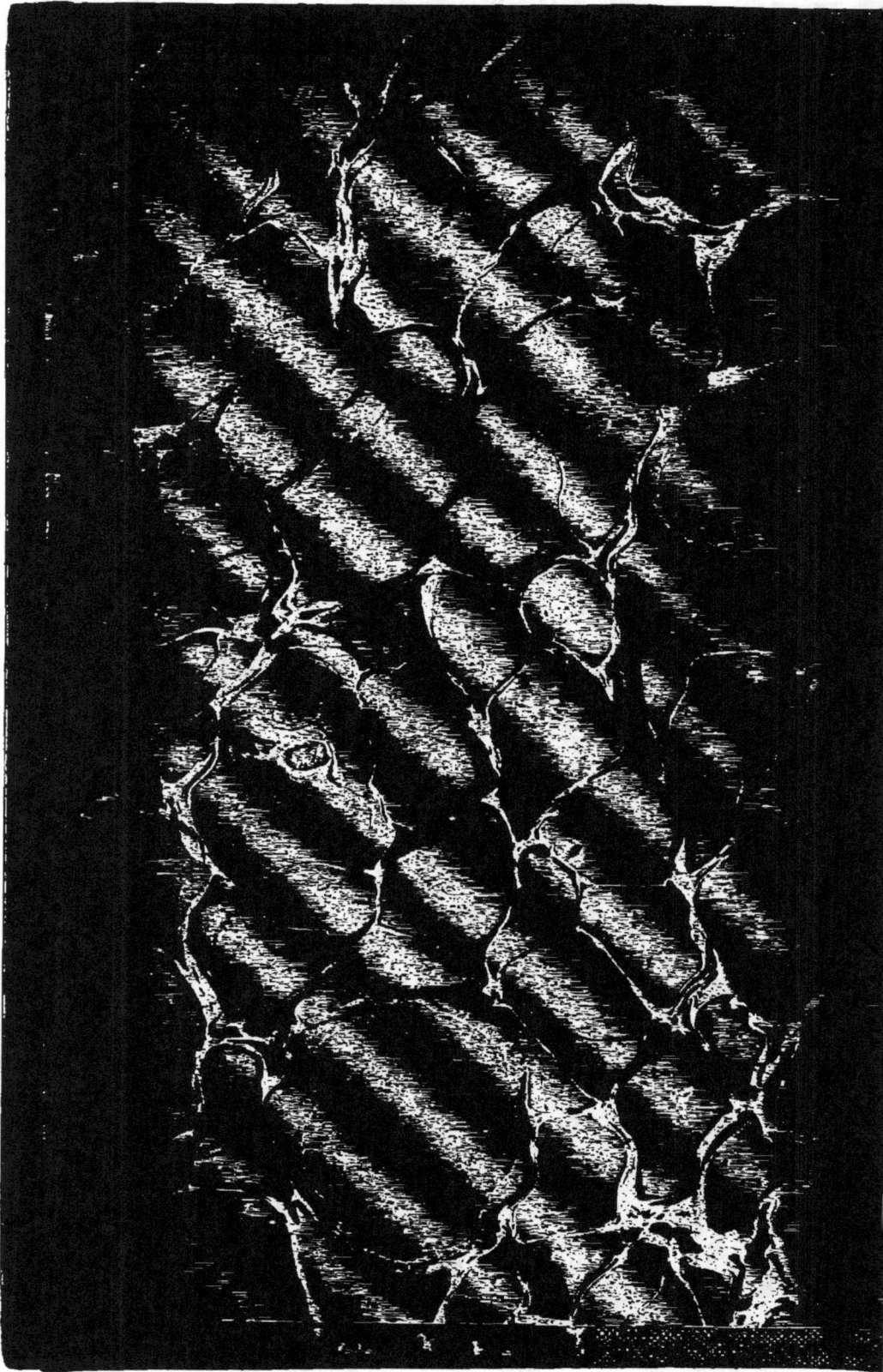

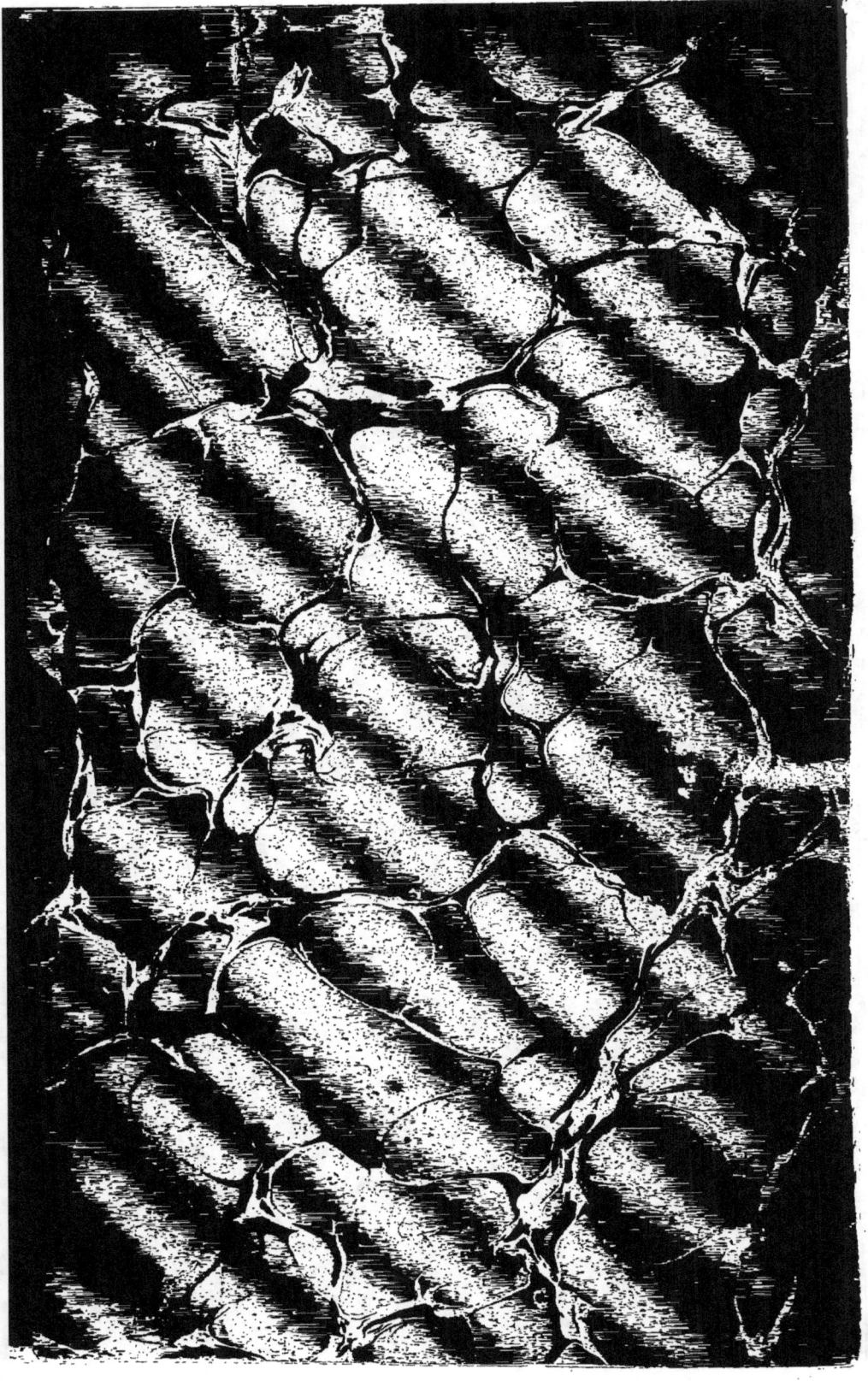

70 - 71
NOUVELLES
FEUILLES DE ROUTE

De la Forteresse de Breslau aux Allées de Tourny

DU MÊME AUTEUR :

Chants du Soldat (Ouvrage couronné par l'Académie française), 158ᵉ édition, un vol.	1	»
Nouveaux chants du Soldat, 130ᵉ édition, un vol.	1	»
Marches et Sonneries, 50ᵉ édition, un vol.	1	»
Refrains militaires, 21ᵉ édition, un vol.	1	»
Chants du Paysan (Ouvrage couronné par l'Académie française), 33ᵉ édition, un vol.	1	
Histoire d'amour, 19ᵉ édition, un vol.	3	»
Education militaire, une brochure (épuisée).		
Désarmement?, une brochure (épuisée).		
Le Livre de la Ligue des Patriotes, un vol.	1	50
Juan Strenner, drame en 1 acte en vers, un vol.	1	»
L'Hetman, 27ᵉ édition, drame en 5 actes en vers, un vol.	2	»
La Moabite, 28ᵉ édition, drame en 5 actes en vers, un vol.	2	»
Messire Du Guesclin, 30ᵉ édition, drame en vers en 3 actes, avec prologue et épilogue, un vol.	2	»
La Mort de Hoche, 8ᵉ édition, 5 actes en prose, un vol.	2	»
La plus belle fille du monde, 1 acte en vers, un vol.	1	»
Le Premier Grenadier de France : La Tour d'Auvergne, étude biographique, un vol. illustré (épuisé).		
Chants du Soldat, édition de luxe, un vol. illustré.	15	»
Poésies militaires, un vol. illustré.	6	»
Monsieur le Hulan et les trois couleurs, conte de Noël, un vol. illustré par Kaufmann (épuisé).		
1870. Feuilles de route, 1 vol.	3	50

En Préparation :

71-74. Dernières feuilles de route.

PAUL DÉROULÈDE

— 70-71 —

NOUVELLES
FEUILLES DE ROUTE

De la Forteresse de Breslau aux Allées de Tourny

PARIS
Société d'Édition et de Publications
Librairie Félix JUVEN
122, Rue Réaumur, 122

Il a été tiré de cet ouvrage :

5o exemplaires sur papier de Hollande, à la forme de Van Gelder Zonen, numérotés à la presse de 1 à 5o.

———

Tous droits de reproduction et de traduction réservés pour tous pays.

Published 21 novembre 1907. Privilege of copyright in the U. S. A. reserved under the act approved March 3 1905 by Société d'Édition et de Publications, *Paris.*

AUX ENGAGÉS VOLONTAIRES

De

1870

qui ont versé leur sang

Pour

LA FRANCE,

Je dédie ce Livre

en mémoire

du Meilleur et du plus Cher

de mes Compagnons d'Armes

le Capitaine ANDRÉ DÉROULÈDE

blessé à Sedan.

PAUL DÉROULÈDE.

Novembre 1907.

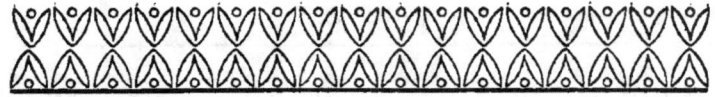

PRÉFACE

Ennemi lecteur, ou plus simplement Lecteur prussien qui, des rives de la Sprée aux bords de l'Oder, m'as envoyé ta salve coutumière d'insultes, de reproches et de calomnies, c'est tout spécialement à toi que s'adresse cette préface.

Toujours jusqu'ici, j'ai laissé sans protestation ni réponse les lettres, articles ou pamphlets dont tu m'accables — depuis trente-cinq ans, — à chaque fois que mon nom s'est trouvé mis en avant par quelqu'un de mes actes ou de mes écrits. Mais, puisque la publication et sans doute aussi la traduction dans ta langue de mes « *Feuilles de Route* » ont derechef réveillé chez toi et déchaîné de nouveau contre moi la haineuse et perfide discussion suscitée jadis par mon évasion, je vais te déclarer tout net ce que j'en pense et ce qui en est.

Prépare-toi à être patient, car j'en ai long à dire et tu en auras beaucoup à entendre.

C'est au mois de mars 1872, quelques semaines après l'apparition de mes premiers *Chants du Soldat*, qu'un de tes compatriotes poméraniens qui fut le premier ambassadeur de ton nouvel Empire, S. E. M. le comte d'Arnim, a daigné pour la première fois s'occuper de l'humble sous-lieutenant de chasseurs à pied que j'étais alors.

Sur l'ordre de son gouvernement, M. le comte avait fait parvenir au ministère de la Guerre, dont le titulaire était le général de Cissey, une plainte en partie double contre moi. Dans la première partie, il dénonçait mon évasion d'Allemagne en 1870 comme un parjure ; il demandait, dans l'autre, quelle autorisation avait été accordée ou sinon quelle peine disciplinaire avait été infligée à l'officier français coupable d'insolents poèmes contre « la Prusse et les Prussiens. »

En ce qui concerne les *Chants du Soldat*, qui étaient en somme et qui restent encore ton véritable grief contre moi, la réponse du ministre fut que l'autorisation de les publier n'avait pas été accordée par la bonne raison que leur auteur ne l'avait pas sollicitée, mais que, pour cette même raison, il avait déjà reçu un blâme sévère.

En effet, quelques jours avant l'incident soulevé par le comte d'Arnim, un blâme officiel m'était arrivé par voie hiérarchique, tandis que, deux heures plus tard, la poste m'apportait, en une lettre autographe, les félicitations cordiales du général de Cissey.

En ce qui touche à l'accusation de parjure, dont j'avais appris la première nouvelle à Bordeaux un an auparavant, elle venait de me valoir une convocation officieuse dans le cabinet du ministre et mon interrogatoire s'y était terminé par des éloges et une poignée de main. J'ajoute, pour que tu n'en ignores, que deux ans après, le 21 Février 1874, j'étais proposé et nommé lieutenant avec le numéro un sur une promotion de huit cents officiers d'Infanterie.

Je ne t'affirmerai pas que le représentant de l'Allemagne se tînt pour entièrement satisfait de ce que lui avait répondu le ministre, mais je sais que la presse bismarckienne de ton pays n'en mit pas une sourdine de plus à ses diatribes. Elle étayait, comme toi, ses attaques sur certain document officiel que tu as eu l'extrême obligeance de m'adresser ces jours derniers, que le général de Cissey m'avait déjà mis sous les yeux en 1872 et dont je possédais déjà par-devers moi un exemplaire.

Oui, mon nom est inscrit dans le *Moni-*

teur allemand, publié en date du 24 décembre 1870, parmi les noms des officiers français évadés d'Allemagne en violation de leur parole. J'y figure entre le capitaine Bouchard de l'Artillerie et le lieutenant d'Infanterie Pauline. Le chiffre des évadés n'était alors que de cinquante-deux et je suis classé le quarante et unième.

C'est bien là, n'est-ce pas, ô mon ennemi, c'est bien là uniquement le thème de ton éternel reproche? Tu ne te demandes pas si c'est à tort ou à raison qu'a été faite cette inscription; il t'importe peu de savoir comment et combien mes démêlés personnels avec le gouverneur de Breslau expliquent, sans la justifier, la qualification donnée par lui à mon évasion. Tout cela a beau avoir été écrit et publié et par Jules Claretie et par De Amicis et par Henri Galli, tu ne veux pas l'avoir lu, tu veux même l'ignorer et tu te contentes de me renvoyer toujours et sans cesse à ton *Moniteur allemand*, à ton document, comme tu l'appelles, convaincu qu'il ne t'en faut pas plus pour me réduire au silence et me couvrir de confusion.

Eh! bien, écoute ceci, Brandebourgeois têtu et obtus :

J'ai conscience d'avoir fait tout ce qui pouvait être fait humainement pour tenir à la lettre tous les engagements que les circonstances m'ont forcé à prendre vis-à-vis des tiens. Je me suis refusé à m'évader directement de Belgique, comme m'y exhortait le sieur Cabasse ; je n'ai pas voulu signer à Bruxelles le nouveau pacte que me proposait l'aide de camp du roi des Belges et qui m'eût permis de rester pacifiquement auprès de mon frère, infirmier sans armes, sans dangers, et sans devoirs ; je suis venu, à mes frais, me constituer prisonnier au fond de la Silésie ; j'ai, de par ma seule volonté, compliqué les difficultés de ma fuite par un emprisonnement que je croyais nécessaire à ma libération morale.

Or, aujourd'hui que j'ai longuement réfléchi sur tout ce passé, aujourd'hui que je ne suis plus le soldat improvisé de 1870, aujourd'hui que j'ai beaucoup médité sur cette triste guerre, mon seul regret, mon seul repentir, mon seul remords, entends-tu bien, est d'avoir eu la naïveté, la puérilité, la sottise de me soumettre, les yeux fermés, aux abusives prescriptions d'un code spécial inventé pour la plus grande commodité et sécurité d'un belligérant victorieux.

En apparence, quoi de plus généreux, quoi de plus magnanime vis-à-vis du vaincu que la captivité sur parole et, en réalité, quoi de plus profitable et de plus ingénieux pour un vainqueur surchargé de prisonniers ?

La capitulation de Sedan, pour ne parler que de celle-là, livrait aux Allemands, avec 80,000 de nos soldats, 2,866 officiers français.

Que faire de ce formidable état-major à trois mille têtes ?

Comment le garder? Où l'enfermer? Par quels liens assez solides tenir et retenir en Allemagne tous ces chefs qui, du plus petit au plus grand, n'avaient et ne pouvaient avoir au cœur qu'un seul désir : retourner au feu?

Un des procédés employés pour se débarrasser de la lourde charge d'avoir à emmener et à surveiller une troupe qui s'est rendue à merci, tout en la mettant hors d'état de nuire, est de lui faire prendre sur-le-champ l'engagement écrit de ne plus se battre pendant tout le reste de la campagne.

Moyennant quoi, tout ce contingent de lâches retourne, tranquille et neutre, dans ses foyers.

En langage militaire et, par une homonymie assez singulière, cet engagement qui ne se signe jamais qu'au lendemain des pires désastres s'appelle « un revers ».

Aux époques lointaines des victoires françaises, l'armée prussienne a, plus d'une fois, consenti ce pacte de désertion qu'elle a, d'ailleurs mainte fois indignement violé.

Nos officiers à nous, si démoralisés fussent-ils par la défaite, se sont presque toujours et presque partout refusés à l'accepter.

Il n'y a guère eu dans toute notre histoire qu'un seul exemple de cette apostasie tout à la fois collective et individuelle.

C'est en 1758, à Minden, sous le règne de Louis XV, à une époque où l'esprit de l'armée était, comme l'esprit de la nation, infecté de cette maladie morale, si bien décrite par Duclos et qu'il appelait, alors, « l'admiration de l'ennemi. »

En temps normal, je veux dire en un temps où, pour parler comme Duclos, « les fautes du gouvernement n'ont pas détaché la Nation de la Patrie, » l'acceptation du « revers » est, par soi-même, un acte trop évidemment méprisable pour que l'ignominie en échappe même aux plus éhontés.

D'autant qu'en 1870 la formule allemande n'était pas ambiguë :

« *Je, soussigné, donne par la présente ma parole d'honneur de ne plus prendre les armes contre l'Allemagne, pendant la durée de cette guerre, et de ne pas agir contre ses intérêts; ni de rendre quelque service, quel qu'il soit, soit dans les colonies françaises, soit pour les levées de troupes et dans les dépôts d'armement.* »

Toutes ces clauses étaient trop évidemment nuisibles à la France, trop ouvertement utiles à l'Allemagne pour que leurs signataires puissent prétendre n'avoir pas compris le sens et la portée de leur abominable transaction.

Il n'en va pas de même de l'insidieuse proposition qui consiste à dire aux prisonniers de guerre qu'il ne dépend que d'eux de n'être pas des détenus, à la seule condition qu'ils ne chercheront pas à s'évader.

Ce second moyen de neutralisation, tout aussi efficace que le premier, est d'une acceptation plus facile étant d'une présentation moins révoltante.

Aussi, autant ont été rares les découragés de Sedan ou de Metz qui se sont cloué au front l'écriteau d'infamie du « revers », autant furent nombreux les vaillants égarés qui se sont laissé prendre et qui sont restés pris dans le piège prussien de la captivité sur parole.

Et, cependant, à regarder les choses bien en face, en quoi le fait de renoncer, en Allemagne, au droit de s'enfuir et, par cela même, au droit de revenir prendre les armes pour la France, diffère-t-il essentiellement du fait d'avoir renoncé en France au droit de porter les armes contre l'Allemagne?

L'heure, l'endroit, la formule, les circonstances ne sont pas les mêmes, mais les résultats sont identiques et la culpabilité envers la patrie n'est pas beaucoup moindre.

Ce n'est pas seulement là mon humble avis, c'est aussi celui d'un grand homme de guerre qui était un grand homme d'État et dont les opinions en pareille matière pèsent d'un autre poids que les hautaines allégations de M. de Bismarck.

Napoléon Ier, qui déclarait que « les généraux, les officiers et les soldats qui, dans une bataille, sauvent leur vie, par une capitulation, doivent être décimés et que celui qui commande de rendre les armes et ceux qui obéissent sont également des traîtres », a dit aussi, en parlant de toutes ces sortes d'accommodement avec l'ennemi, que c'étaient là des contrats favorables aux individus et contraires aux intérêts de l'Armée et de la Nation.

Beaucoup d'officiers internés se sont rendu compte après coup de cette vérité, mais combien peu, par avance! Il n'en faut accuser que leur inexpérience et leur désarroi en présence d'une situation imprévue pour eux tous. Dans leur vieille habitude de vaincre, pas plus que leur ligne de retraite en cas de défaite, ils n'avaient préparé leur ligne de conduite en cas de capitulation et de captivité.

Tout leur était nouveau dans la débâcle, et qui leur eût dit qu'en se faisant ainsi les geôliers d'eux-mêmes, ils dispensaient l'armée allemande d'immobiliser en son propre pays une partie des forces qu'elle employait à ravager le nôtre, les eût aussi surpris que navrés.

Ils ne s'attendaient guère non plus à ce que, partis avec leurs soldats dans la ferme intention de partager leur sort jusqu'au bout, il leur faudrait accepter, voulant nolant, une séparation qui parquerait les hommes dans des camps de misère et confinerait les chefs dans les grandes villes.

Mais enfin, soit! Par méprise ou par surprise, par faiblesse ou par ignorance, le pacte est signé. Il a pour principe, il a pour garant, il a pour lien l'honneur des officiers français.

« Gardez-vous, je ne vous garde plus! », nous as-tu dit, — formule chevaleresque d'un contrat qui ne repose des deux parts que sur la bonne foi mutuelle des contractants.

Alors! Que viennent faire là toutes ces clauses et tous ces actes de méfiance et de surveillance restrictives? Pourquoi cette humiliante cérémonie des appels, qui n'ont pour motif que de bien t'assurer que ta proie est toujours là? Pourquoi cette lecture hebdomadaire du code militaire par laquelle les officiers, soi-disant libres sur parole, sont prévenus que l'évasion est punie de mort? Juge-toi toi-même, ô mon juge, et dis-moi si de telles précautions et de telles menaces ne font pas de notre loyauté une duperie et n'entachent pas de nullité, pour cause de dol, ton noble marché de paladin.

Est-ce sur mon honneur que tu comptes ou sur ma lâcheté? As-tu entendu me faire confiance ou me faire peur? Du moment où le peloton d'exécution est là qui me guette dans l'ombre et puisque la fusillade peut entrer en jeu, adieu la foi jurée! La lutte à main armée est rouverte, la bataille recommence et je retourne au feu.

En parlant ainsi, n'est-ce pas, j'exprime mes idées d'aujourd'hui, non celles du conscrit d'alors, car, à cette époque, moi non plus je ne discernais pas. Je m'exagérais mes devoirs, je méconnaissais mes droits.

Je n'ai pas à examiner et je n'examinerai pas la situation particulière de ceux de mes camarades qui figurent avec moi sur la liste accusatrice.

Il en est, je le sais, qui se sont fait renfermer, ceux-ci dans un hôpital militaire, ceux-là dans une casemate, pour recouvrer eux aussi leur liberté d'action ; ce qui n'a d'ailleurs empêché en rien M. de Bismarck, — l'homme du faux d'Ems — de les stigmatiser nominativement, comme moi-même, dans sa circulaire aux puissances européennes sur les évasions d'officiers.

Il en est d'autres qui, exaspérés par les désastres de la France, ont désespérément couru à son secours, comme des fils affolés, sans se soucier en effet, sans se souvenir peut-être de leur parole. Ils n'ont vu que l'invasion, redouté que la conquête, et, croyant sacrifier plus que leur vie : leur honneur ! ils se sont rués au combat, au danger, à la mort, pour la défense de la mère Patrie.

Je n'ai pas été de ceux-là, mais ceux-là non plus tu ne me feras pas renier, bon Stockpreusse ; de ceux-là même tu ne me feras pas dire qu'ils ont mal agi ; à ceux-là même je tends, par-dessus ta tête victorieuse, ma main de frère d'armes, rouge comme la leur du sang des tiens. Car, les uns comme les autres, nous nous sommes arrachés à un abri sûr et sans privation, à une existence oisive et sans trouble pour nous précipiter dans la plus inégale des mêlées ; les uns comme les autres, nous avons quitté les repas quotidiens, les loisirs paisibles, les chaudes alcôves pour venir manquer de vivres, marcher sans trêve, coucher dans la neige et nous réveiller sous les balles. Voilà pourquoi, sans épiloguer sur les cas et sur les espèces, je me solidarise pleinement et au sens vrai du terme avec tous ceux qui se sont échappés, comme moi ou autrement que moi, des prisons de l'ennemi. Voilà pourquoi aussi, engagé volontaire, prisonnier volontaire, évadé encore plus volontaire, je considère ce dernier titre comme le plus beau des titres militaires que puisse jamais invoquer un soldat.

Libre à toi de me contredire, ô subtil disciple des gymnasium berlinois. Evoque même une fois de plus, si bon te semble, comme il t'a déjà semblé bon de le faire pour m'écraser sous sa grande mémoire, évoque l'ombre de Régulus ; ce n'est pas moi, ce sera ton historien gallophobe Théodore Mommsen qui te répondra. Consulte-le, relis-le, si tant est que tu l'aies déjà lu.

La beauté de l'action du fier Romain n'est pas d'être retourné à Carthage pour ne pas manquer à son serment, c'est d'en être parti avec l'intention très arrêtée de faire et de dire le contraire de ce qu'il avait promis de dire et de faire. Envoyé à Rome pour obtenir un échange de prisonniers qu'il jugeait nuisible aux intérêts du peuple et de l'armée, Régulus a dépensé tout son cœur, toute son éloquence, toute son énergie à en dissuader le Sénat. Le serment qu'il a tenu, c'est celui qui liait en naissant tout Romain : « Servir Rome ! »

Sublime, héroïque, sans pareil et sans précédent est le retour en Afrique du missionnaire si noblement infidèle à sa mission. Mais, s'il savait que le plus cruel martyre l'attendait à Carthage, il savait aussi que, à ne pas se présenter au jour fixé, il y allait de la vie et du supplice de plusieurs milliers de prisonniers romains.

Quel est celui d'entre les évadés français, eût-il déjà gagné la frontière, qui ne fût revenu sur ses pas et n'eût repris sa chaîne plutôt que de laisser s'accomplir une telle hécatombe? Quel est même celui qui aurait cherché à s'enfuir, sachant qu'il mettrait en péril une autre tête que la sienne?

Eh! oui, sans doute, tes gouverneurs de ville et tes commandants de place, fidèles à votre système d'otages, ont tiré au sort des responsables parmi nos compagnons de captivité, et nos départs ont été souvent suivis, — je l'ai appris depuis, — de l'emprisonnement par dizaine de très innocents camarades.

J'ai toujours plaint sincèrement ces malheureux « décimés », comme se qualifiait l'autre jour devant moi un ancien officier qui avait été, paraît-il, une de mes victimes expiatoires et qui se montrait tout ému encore de cette expiation pourtant lointaine. Mais, ainsi que je le lui ai dit à lui-même, avec d'autant moins de compassion qu'il s'en témoignait davantage, ma plainte ne saurait aller jusqu'à l'attendrissement, encore moins jusqu'au remords. Je ne m'excuse même, pour ma part, de ce contre-coup inattendu, que comme je le ferais du jet d'une pierre qui, lancée contre un chien, aurait atteint un passant.

Et puis, en conscience, alors même que nous eussions été prévenus des représailles, relativement bénignes, que pouvait entraîner notre évasion, le sort de nos camarades qui se battaient, et à qui nous allions porter secours, ne nous eût-il pas toujours paru autrement digne d'intérêt que le sort de nos camarades qui ne se battaient plus, et à qui nous n'allions, somme toute, causer que des ennuis ?

En vérité, non ! la crainte que notre fuite fît priver quelques prisonniers de guerre d'un peu de liberté et d'un peu de bien-être n'eût arrêté l'élan d'aucun de nous, qui retournions tous aux dangers à travers les dangers, guidés et conduits par l'espoir de repousser l'invasion et par la certitude de servir la France.

Aussi vois-tu, Meinherr Hermann von Arminius, vous pouvez, toi et les tiens, Germains, Germanisants et Germanisés, brandir contre nous ton papier accusateur; vous pouvez vous réjouir à grands cris d'y voir figurer mon nom, qui n'y fut pourtant inscrit, je te le répète, que par la rancune de mon geôlier encore plus exaspéré de l'envoi de ma carte avec P.P.C. que de la réussite de mon évasion; vous pouvez une fois de plus nous dénoncer ensemble ou séparément au mépris et à l'indignation de l'Europe militaire, vous n'obtiendrez de moi ni désaveu de mon acte, ni répudiation de mes co-accusés.

Je ferai plus : ton terrible document, que tu as pris la peine de me communiquer sous pli cacheté et recommandé, je le livrerai moi-même au public.

L'acte d'accusation dressé contre nous par le grand falsificateur prussien, — véritable, sinon unique fondateur de l'Empire d'Allemagne, — est d'une telle prolixité, qu'il m'a bien fallu y pratiquer des coupures. Mais les passages choisis l'ont été avec une impartialité aussi complète que l'eût souhaitée sa haine. Ce sentiment de constante animosité, que l'on sent percer à chaque ligne de ce pamphlet diplomatique, y éclate encore plus visible dans la phrase par laquelle M. le Chancelier fédéral recommande à ses agents, non pas seulement de remettre, mais de lire eux-mêmes sa Note à MM. les ministres étrangers.

Et à toi aussi, Lecteur français — Ami lecteur, — je te recommande la lecture de sa Note. Elle t'édifiera sur l'état de civilisation d'un peuple dont le plus illustre, le plus admiré et peut-être même le plus admirable citoyen parle couramment de détruire une armée entière par les armes ou par la faim et se vante comme d'un bienfait de n'avoir pas pris la bourse et la vie de l'ennemi vaincu.

Tu y verras encore que M. de Bismarck n'y est guère plus méprisant pour les officiers évadés, qu'il affirme mensongèrement avoir joui en Allemagne d'une liberté de mouvements « sans surveillance », qu'il n'est injurieux pour les officiers prisonniers, à qui il reproche dédaigneusement d'avoir profité de la capitulation pour se mettre à l'abri eux et leurs bagages.

Quant à sa première liste « de parjures », elle fait trop réellement partie intégrante de cette page d'histoire, — à laquelle chacun peut, à son gré, donner tel commentaire que bon lui semblera, — pour que je me croie en droit, après tout ce que je viens de dire, de ne pas la reproduire tout entière.

Cette publication n'ira peut-être pas sans étonner, voire sans froisser quelques uns.

Mais tous les Patriotes ayant vécu les heures cruelles de l'Année terrible, tous les Patriotes ayant gardé au cœur le souvenir du long martyrologe de notre chère Nation, ayant suivi jour par jour, de près ou de loin, les rouges étapes de l'invasion, vu monter dans le ciel obscurci la fumée noire et blanche des incendies et des fusillades, dénombré nos victimes, souffert de la défaite, gémi de l'invasion, pleuré de la conquête, tous les Patriotes qui aiment la Patrie avant tout liront, j'en suis sûr, ces noms avec une reconnaissante émotion. Non pas que ce soit là un bulletin de gloire, encore moins un tableau d'honneur, c'est en tout et pour tout, contresigné par l'Ennemi, le certificat de bravoure de bons soldats, qui sont peut-être plus proches parents de Duguesclin que de Bayard, mais qui, selon le mot de la sainte, de la pure, de l'impeccable Jeanne d'Arc, ont tout fait pour « bouter l'Étranger hors de France. »

. . . .

Puissent, en tout cas, ces *Nouvelles Feuilles de Route* qui n'ont, comme tous mes autres livres, d'autre but que de ranimer les bons Français qui ont froid au cœur et de ragaillardir les tristes Français qui ont froid aux yeux, rappeler, une fois encore, à qui l'oublie, qu'avec notre rang dans le monde la Prusse nous a arraché deux provinces.

Langély, 6 novembre 1907.

PAUL DÉROULÈDE.

CIRCULAIRE de M. le Chancelier Fédéral, Comte de Bismarck, aux Représentants de l'Allemagne du Nord près les Cours Étrangères.

Berlin, le 24 Décembre 1870

. . . .
Le 2 septembre, il était en notre pouvoir de détruire tout entière, aussi bien que partiellement, par les armes ou par la faim, l'armée enfermée dans Sedan et ainsi de n'avoir plus rien à craindre d'elle. Mais, dans notre confiance en la fidélité aux traités, nous avons accordé la capitulation que l'on connaît.

Le commandant en chef de l'armée enfermée, général de Wimpffen, en signant cette capitulation, nous garantit qu'elle serait exécutée par les officiers sous ses ordres, et ceux-ci, d'après les idées traditionnelles de l'honneur militaire et le droit universel en matière de traités, étaient tenus à observer la convention. Que peut-être quelques officiers particu-

lièrement n'aient pas consenti à la capitulation, nous n'en avons eu aucune connaissance et nous n'avions pas besoin de le savoir, autrement jamais armée ou garnison ne pourrait être admise à capituler sans une déclaration de chaque officier ou soldat individuellement.

Quoi qu'il en soit, tous les officiers de l'armée Mac-Mahon-Wimpffen, qui se trouvaient à Sedan, profitèrent en fait des conditions accordées par la capitulation pour sauver leur existence et ce qu'ils possédaient.

Mais quelques-uns de ces officiers abusèrent de la confiance que les chefs de l'armée allemande avaient mise en eux pour l'exécution de leurs engagements personnels.

Parmi eux se trouvent les généraux Ducrot, Barral et Cambriels.

. . . .

Après de pareils exemples, il est moins surprenant, mais non moins pénible, pour une armée jalouse de son honneur, de voir beaucoup d'officiers de grades moins élevés manquer à leur parole d'honneur en s'évadant des localités allemandes à l'intérieur desquelles la liberté de mouvements sans surveillance leur était accordée...

Les noms de quelques-uns d'entre eux se trouvent dans la liste ci après :

1. Sous-lieutenant HUOT, du 4ᵉ Bataillon de Chasseurs à pied, évadé de Breslau.
2 et 3. Lieutenant SOULICE et sous-lieutenant PARSY, tous les deux du 1ᵉʳ Régiment des Grenadiers de la Garde, évadés de Munster.

4 et 5. Lieutenant FREY, du 63ᵉ, et lieutenant LUQUIN, du 66ᵉ Régiment d'Infanterie, évadés de Minden.
6. Lieutenant ROUSSEAU, du 1ᵉʳ Régiment des Tirailleurs Algériens, évadé de Düsseldorf.
7. Capitaine DONNIER, du 2ᵉ Régiment des Tirailleurs Algériens, évadé de Magdebourg.
8. Lieutenant SÉE, du 10ᵉ Régiment d'Artillerie, évadé de Breslau.
9. Capitaine MARBRES, du 8ᵉ Régiment de Chasseurs à cheval, évadé de Cologne.
10. Sous-lieutenant ALEPÉE, du 48ᵉ Régiment de Ligne, évadé de Cologne.
11. Lieutenant DRESSQUE, du 25ᵉ Régiment de Ligne, évadé de Hirschberg.
12. Capitaine STRASSER, du 25ᵉ Régiment de Ligne, évadé de Hirschberg.
13. Sous-lieutenant GIORDANI, du 25ᵉ Régiment d'Infanterie évadé de Hirschberg.
14. Sous-Lieutenant BÉGNICOURT, du 10ᵉ Régiment de Cuirassiers, évadé de Hirschberg.
15. Capitaine FAUCON, du 45ᵉ Régiment d'Infanterie, évadé de Hirschberg.
16 et 17. Sous-lieutenant RICORD et capitaine BELLIN, du 76ᵉ Régiment d'Infanterie, évadés de Hirschberg.
18 et 19. Capitaine GODEFROY et lieutenant MALIK, du 76ᵉ Régiment d'Infanterie, évadés de Hirschberg.
20. Adjudant d'administration ROSSI, évadé de Hirschberg.
21. Capitaine CHAMÈS, du 69ᵉ Régiment d'Infanterie, évadé de Neuwied.
22. Chef de bataillon ARNOUS DE RIVIÈRE, de l'État-Major du maréchal Bazaine, évadé de Wiesbaden.
23 et 24. Lieutenant COMTE DE MÉRÉ et lieutenant DAVOUST, des Guides de la Garde, évadés de Düsseldorf.

25. Sous-lieutenant SCHWŒBEL, du 3ᵉ Régiment de Zouaves, évadé de Düsseldorf.
26. Capitaine MATHIEU, de l'Infanterie de marine, évadé de Cologne.
27. Lieutenant EUGÈNE, du 18ᵉ Régiment d'Infanterie, évadé de Cologne.
28. Sous-lieutenant BOURGET, du 18ᵉ Régiment d'Infanterie, évadé de Cologne.
29. Lieutenant DENIS, du 2ᵉ Régiment de Zouaves, évadé de Cologne.
30. Vétérinaire JUGE, du 2ᵉ Régiment d'Artillerie, évadé de Cologne.
31. Lieutenant DIDIER, du 15ᵉ Régiment d'Infanterie, évadé de Cologne.
32 et 33. Capitaine LACOMBE et lieutenant LAURENT, du 63ᵉ Régiment d'Infanterie, évadés de Trèves.
34. Sous-lieutenant GRIVEL, du 7ᵉ Régiment de Dragons, évadé de Trèves.
35. Lieutenant CAYETTE, du 2ᵉ Bataillon de la Garde mobile de la Moselle, évadé de Trèves.
36. Capitaine ARCHIDET, du 40ᵉ Régiment d'Infanterie, évadé d'Aix-la-Chapelle.
37. Capitaine DUGENNE, du 87ᵉ Régiment d'Infanterie, évadé d'Aix-la-Chapelle.
38. Capitaine POCHAT, du 70ᵉ Régiment d'Infanterie, évadé d'Aix-la-Chapelle.
39. Capitaine SIREAU, du 1ᵉʳ Régiment d'Artillerie, évadé d'Aix-la-Chapelle.
40. Capitaine BOUCHARD, de l'État-Major de l'Artillerie, évadé de Breslau.
41. Sous-lieutenant DÉROULÈDE, du 16ᵉ Bataillon de la Garde mobile, évadé de Breslau.
42 et 43. Lieutenant PAULINE et sous-lieutenant DEHAUT, du 64ᵉ Régiment d'Infanterie, évadés de Schleswig.
44. Lieutenant BLANC, du 91ᵉ Régiment d'Infanterie, évadé de Goerlitz.

45. Colonel THIBAUDIN, commandant le 67ᵉ Régiment, d'Infanterie, évadé de Mayence.
46. Sous-lieutenant WILZ, du 67ᵉ Régiment d'Infanterie, évadé de Mayence.
47. Capitaine CONTY, du 28ᵉ Régiment d'Infanterie, évadé de Mayence.
48, 49 et 50. Sous-lieutenant CHAUVET, sous-lieutenant PAINCOUT et sous-lieutenant JEANNIN, tous trois du 93ᵉ Régiment d'Infanterie, évadés d'Oppeln.
51. Capitaine LESSERTEUR, du 4ᵉ Régiment d'Infanterie, évadé d'Oppeln.
52. Lieutenant LAGORSE, du 9ᵉ Régiment d'Infanterie, évadé d'Oppeln.

. . . .

Je vous prie de vouloir bien lire *cette Note au Ministre des affaires étrangères du Gouvernement auprès duquel vous êtes accrédité et de lui en laisser copie.*

Signé : **DE BISMARCK.**

70-71

NOUVELLES
FEUILLES DE ROUTE

De la forteresse de Breslau aux allées de Tourny

LIVRE I

DE BRESLAU A LIEBAU
✛ PAR LE GEFÄNGNISS ✛

Au Gefangniss de Breslau. — La cellule n° 6. — Étude topographique. — Premier plan d'évasion. — Mon professeur d'allemand. — Souvenirs sans dates et dates avec souvenirs. — Le général von der Linden. — Deuxième emprisonnement. — La fille du geôlier. — Cours du soir. — Une protestataire polonaise. — Trésorier sans trésor. — Retards involontaires. — Un projet de révolte. — Bruits mensongers d'une conspiration impérialiste. — Protestation des officiers de Breslau. — Général prussien et sous-lieutenant français. — Nouveaux emprisonnements. — Capitulation de Metz.

— *Mac-Mahon et Bazaine*. — *Deuxième plan d'évasion*. — *Le camarade Jaunaux*. — *Adieu, Stacha!* — *Mise en route*. — *Précautions dangereuses*. — *La frontière de Bohême*.

I

« On dit triste comme la porte
D'une prison,
Et je crois, le diable m'emporte,
Qu'on a raison. »

Ces quatre vers d'Alfred de Musset ne s'appliquaient peut-être que très imparfaitement au fameux hôtel Darricaud ou des Haricots qui, de 1830 à 1848, eut si souventes fois l'honneur de loger d'illustres gardes nationaux récalcitrants. Ils s'appliqueraient beaucoup mieux, à coup sûr, aux lourds vantaux donnant accès dans l'ancien couvent des filles repenties qui, sous le nom de Cherche-Midi, sert aujourd'hui de Bastille aux délinquants de nos armées de terre et de mer; mais il est bien probable que si le mélancolique quatrain n'avait été l'œuvre de mon poète favori, il ne se serait jamais présenté à mon esprit en face de l'avenante et large grille, dont le battant entr'ouvert semblait me convier de loin à pénétrer sans crainte dans mon nouveau logement et à ne pas perdre toute espérance d'en sortir.

Est-ce parce que ladite grille m'apparaissait comme le seuil d'un Purgatoire au bout duquel j'entrevoyais le Paradis ? Ou avait-elle réellement l'air hospitalier que lui prêtait mon rêve ? du moins n'éprouvé-je nulle angoisse à la franchir. C'était pourtant mon tout premier début dans la carrière de claquemuré.

L'édifice lui-même n'avait rien non plus d'un pénitencier. Son aspect était plutôt d'une caserne qu'on aurait baptisée prison à seule fin d'en humilier un peu les habitants.

Je m'aperçus néanmoins, en jetant un rapide coup d'œil autour de moi, que les issues en étaient sérieusement gardées. Deux sentinelles entrecroisaient leur faction sur le trottoir extérieur ; un autre factionnaire montait la garde devant le poste de police situé du côté gauche de la cour, tandis que du côté droit, les trois fenêtres du portier-consigne étaient ou devaient être autant de paires d'yeux braqués sur le fugitif, quand il y aurait et s'il pouvait y avoir fugitif.

Un autre coup d'œil me fit voir le mur d'enceinte énormément haut et n'offrant, sur aucune de ses faces, ni aspérités ni anfractuosités où s'agripper des pieds et des mains.

Il n'y aurait, cela était clair, d'autre passage praticable que cette unique passe entourée d'écueils.

A ces premières observations, tant soit peu décourageantes, succédèrent bientôt, Dieu merci, une série de découvertes plus agréables les unes que les autres.

Le gardien-chef, en qui je m'attendais à trouver le plus rébarbatif des geôliers, n'avait même pas l'air renfrogné.

Après avoir militairement salué l'unique petit galon d'or de mon képi, il m'invita à le suivre d'un geste poli et quand, au milieu de l'escalier, je m'arrêtai pour serrer la main et dire bonjour à deux camarades français enfermés là pour je ne sais quel méfait disciplinaire, il attendit avec patience la fin de notre colloque pour reprendre sa marche en avant.

Je lui emboîtai le pas, heureux de ce bon symptôme, et les deux autres captifs s'éloignèrent de leur côté, bras-dessus bras-dessous, avec une allure de promeneurs libres qui me parut également d'excellent augure.

Ma perspicacité ne s'y était pas trompée.

La lourde porte, percée au centre du traditionnel guichet, qui s'était ouverte devant moi avec un fracas de grosses clefs faisant grincer de grosses serrures, se referma pacifiquement derrière moi sans autre bruit que le déclic d'un simple loquet.

Moi aussi, j'allais pouvoir être un promeneur libre !

Je commençai toutefois par faire, comme un autre de Maistre, un voyage autour de ma chambre.

La cellule n° 6 était une pièce carrée assez spacieuse, très claire et parfaitement propre. J'y aurais en vain cherché, pour me distraire, les rats de Latude ou l'araignée de Pellisson. Ma croisée était une vraie croisée s'ouvrant à un mètre du plancher et n'ayant aucun rapport avec la sinistre ouverture oblongue pratiquée d'ordinaire au haut de la muraille et si justement appelée jour de souffrance. Trois barreaux de fer en zébraient bien un peu les vitres, mais aucun grillage n'en déchiquetait la vue. Elle donnait en outre sur le côté droit de la cour d'entrée où se trouvait le logement du portier-consigne qui était simultanément le gardien-chef, l'archiviste et le cantinier de l'établissement.

J'ignore, n'ayant jamais beaucoup varié mes commandes, jusqu'où mon restaurateur officiel avait poussé ses études culinaires, mais en vérité ses plats étaient très mangeables, sa bière très buvable, et la jeune blondine qui lui servait d'aide n'avait ni les mains sales ni les dents noires. Elle les avait même d'un blanc aussi éclatant que le bleu de ses yeux qui étaient presque trop grands, vu la petitesse du nez retroussé qui les séparait à peine.

L'inspection de mon enclos dûment achevée, je me hâtai de profiter de sa non-clôture et j'allai rejoindre, à pas pressés, le plus voisin de mes co-détenus. Mon premier soin fut de m'informer auprès de lui des us et coutumes, ou, pour parler plus administrativement, du régime intérieur de la maison. J'en obtins les renseignements les plus favorables.

Le séjour que j'ai fait depuis dans une autre maison, sise en France celle-là, et où mon titre respectable sinon respecté de prisonnier politique ne m'empêchait pas d'être talonné sans relâche par mes gardiens, devait me faire mieux comprendre encore, un jour, combien débonnaire et libéral était le règlement appliqué aux prisonniers de cet internat militaire. Le voici tel qu'il me fut indiqué à grands traits.

Les portes de nos cachots n'étaient rigoureusement fermées que du coucher au lever du soleil. Après le repas de midi, qui nous était apporté par un soldat de garde, personne ne s'occupait de nous jusqu'à sept heures et, durant ces sept heures, chacun pouvait déambuler à sa fantaisie de par les corridors, les escaliers et les cours.

Malgré cette liberté de promenades intérieures, les promeneurs étaient assez rares, le Gefängniss ne renfermant en ce moment que deux ou trois Landwehriens et une quinzaine d'officiers français que l'intraitable von der Linden avait envoyés là en punition de quelqu'une de ces peccadilles qui échappent aux plus attentifs : inexactitudes aux appels, oublis de saluer, discussions un peu vives avec un indigène.

Cependant, vers le milieu de la journée, les couloirs et les préaux prenaient un aspect de véritable animation. C'était de midi à trois heures que les camarades du dehors apportaient des nouvelles et des cigares aux camarades du dedans. Les visiteurs civils aussi étaient admis. Le permis de visite, qui s'obtenaît facilement, consistait en un laissez-passer délivré par la Kommandantur. On le montrait au portier-consigne en entrant, on le lui remettait en sortant; là se bornaient toutes les formalités requises pour pénétrer dans le Gefängniss et y aller et venir à sa guise de cellule en cellule et de prisonnier en prisonnier.

Ainsi s'expliqua mon co-détenu.

Nanti de ces diverses explications, je fis aussitôt le tour complet des bâtiments, passai à deux reprises devant la porte du portier-consigne, remontai et redescendis l'escalier par lequel on accédait au corridor habité par moi, après quoi je regagnai ma cellule où je notai sur un calepin toute la topographie de l'endroit.

Ce qui m'avait frappé le plus dans le programme détaillé qui venait de m'être exposé, c'était le long intervalle de temps pendant lequel nos excursions intra-muros restaient inobservées. Avoir sept heures devant soi! Il n'en fallait pas tant pour gagner la frontière de Pologne, il n'en fallait guère plus pour franchir celle de Bohême.

Restait la grille, la maudite grille avec son cercle de cerbères!

Une évasion de nuit en eût rendu le passage moins scabreux; mais c'était précisément le temps où les grosses clefs refermaient à double tour les grosses serrures. Bon gré mal gré, c'était en plein jour qu'il fallait se décider à tenter le coup, mais comment? avec quel aide? par quel moyen?...

Les mille et un projets que je roulais dans ma tête et que j'essayais de mettre à flot venaient tous se briser contre les récifs de la cour d'entrée.

J'étais allé ouvrir ma croisée et, le front appuyé sur les barreaux, je commençais à désespérer du succès, lorsque l'exode tumultueux des visiteurs du jour m'inspira la combinaison suivante:

Trouver en ville deux officiers qui se muniraient de deux permis de visite pour venir voir un détenu quelconque, mais non pas moi; demander à l'un des deux de pénétrer seul dans la prison où il n'aurait, par conséquent, à exhiber à l'entrée qu'un permis, et où il me remettrait l'autre qui me servirait alors de laissez-passer à la sortie. Rien de plus simple, rien de plus pratique, me semblait-il, rien même de plus aisé, à la seule condition de prendre, ce jour-là, l'élémentaire précaution de modifier un peu mon costume et, au besoin, mon visage.

L'euréka d'Archimède s'échappa moins joyeusement de ses lèvres que ne jaillit des miennes cette exclamation triviale mais expressive: « Ça y est! »

L'important était de vivre d'ici là, très retiré dans mon logis tant que je resterais en liberté et de me montrer le moins possible hors de ma cellule quand je serais remis en prison. Ma ferme intention était d'ailleurs de ne m'y faire remettre que lorsque je me serais approvisionné de trois choses : un peu plus d'allemand, un peu plus d'argent, un complice.

Pour l'allemand, j'eus recours à un très spirituel petit bossu, professeur de langues vivantes à l'Université de Breslau nommé Silbergleit. Très patriote quoique infirme, ce qui est plus rare qu'on ne pense, mon involontaire préparateur d'évasion ne pouvait s'empêcher d'exalter souvent devant moi les vertus de son peuple.

L'intelligence aiguisée qui lui servait de cœur l'empêcha de dépasser jamais la limite au delà de laquelle ses dithyrambes en l'honneur des siens fussent devenus des satires contre les miens. J'avais fini par trouver un certain intérêt à son cours de prussophilie comparée. D'autant que, par une sélection réfléchie ou délicate dont je lui sus gré, ses comparaisons méprisantes portaient presque exclusivement sur les autres peuples de l'Allemagne, y compris l'Autriche qu'il y englobait comme vassale. Le Prussien savait tout, pouvait tout et avait tout fait. Avant l'apparition et l'intervention de ce dieu vainqueur, la bonne grosse Germania vivait inconsciente et engourdie, paisiblement enfermée dans son cabinet d'études, le nez dans ses livres, son bock et sa tabatière sur sa table, et sa pipe à la bouche. Jamais elle ne se fût doutée, à elle seule, de tout ce qu'il y avait de progrès humain et de portée philosophique dans l'âme des canons Krupp et dans l'aiguille des fusils Dreyse. La chanson de Herr Professor Silbergleit n'était pas : « L'Allemagne avant tout ! *Deutschland vor Allem!* » mais bien : « Par dessus tout la Prusse ! *Vor allem Preuszland!* »

C'est, au fond, l'arrogance exubérante et visible pour tous du caporalisme prussien, n'envisageant tous ses autres congénères que comme des recrues, qui a retardé et retardera, pour longtemps encore, la solidité du pangermanisme.

Le machiavélique et grand Bismarck avait, au plus haut point, le talent de dissimuler ce dédain sous la forme d'éloges collectifs et d'appels pathétiques à l'union et à la concorde. Jamais il ne parlait de subordination, d'infériorité, d'obéissance. Son art à lui était de faire prendre ses consignes pour des conseils et de sembler suivre ceux qu'il menait.

S. M. Guillaume II, qui fut pourtant son élève, excelle dans l'art contraire. Ce n'est pas moi qui m'en plaindrai ni qui en plaindrai les Allemands.

Il va sans dire que les pseudo-conférences de Meinherr Silbergleit m'étaient toujours faites en français.

C'était à la fin de la leçon et dans le quart d'heure de grâce qu'il m'accordait et qu'il s'accordait à lui-même que le bon Prussien se plaisait à m'expliquer ses idées et s'évertuait à modifier les miennes.

A ne rien cacher, et ce, malgré l'excellente méthode du professeur et la faconde quasi méridionale du conférencier, mes progrès n'étaient guère plus rapides ni plus grands en idiome tudesque qu'en prussophilie.

J'avais beau étudier cette langue énigmatique avec autant d'ardeur que Champollion le jeune les hiéroglyphes, je continuais à me perdre dans le labyrinthe de ces phrases à sens suspendu et à particules séparables. Après deux semaines de travail, sans dimanches, j'en étais arrivé à faire comprendre un peu ce que je voulais dire, mais il m'était totalement impossible de deviner ce qu'on me répondait et encore moins ce qu'on me demandait.

Aussi, lorsqu'à la fin de la deuxième semaine un nouvel emprisonnement que je n'avais ni voulu ni prévu s'abattit sur moi comme un coup de foudre, j'étais hors d'état de mettre à exécution mon ingénieuse combinaison du laissez-passer en partie double.

Des trois éléments nécessaires à sa réussite, je ne possédais encore que le complice. Mais à quoi m'eût servi son exéat ? Une fois hors des murs, je n'aurais pas été hors de peine, n'ayant, pour me mettre en route, ni assez de pièces d'argent au fond de ma poche, ni assez de mots d'allemand au bout de ma langue.

II

Lorsque j'étais écolier et que je m'insurgeais, en refusant de les apprendre, contre la monotone nomenclature des villes et des cités, des fleuves et des montagnes et la non moins monotone énumération des dates, mon vieux professeur avait coutume de me répéter, en me martelant la poitrine de son index : « Sachez, jeune homme, que la chronologie et la géographie sont les deux yeux de l'histoire. Par l'une, on connaît la place des faits dans le temps ; par l'autre, leur emplacement sur la terre. »

J'ai compris, depuis, l'importance de ces deux notions ou, pour parler comme mon maître, l'indispensable utilité de ces deux beaux yeux. Mais le tout jeune homme que j'étais alors et l'homme très jeune que j'étais encore en 1870 s'intéressait beaucoup plus vivement aux résultats des événements qu'à leurs détails. Tout au rebours de Prosper Mérimée, l'histoire me plaisait plus que l'anecdote.

A cette époque surtout, ma pensée, inattentive à tout le reste, ne s'arrêtait guère que sur ce qui se passait en France, sur ce qu'on m'écrivait de Belgique ou sur ce qui m'advenait en Allemagne.

En dépit de mon long, trop long séjour à Breslau, je ne retrouve, dans les coins les plus fouillés de ma mémoire, ni un tableau précis de la ville ni un portrait net de ses habitants.

Il est vrai que je n'étais pas là en touriste, non plus qu'en étudiant, et que je n'y ai joui en outre que d'une manière relative et intermittente de la liberté de déambuler par les rues.

Ce dont je me souviens le mieux (prison et commandantur exceptées), c'est de la salle de manège où se faisait l'appel, c'est de ma petite chambre aux doubles fenêtres à travers lesquelles j'apercevais le Graben avec ses rangées d'arbres et sa ceinture d'eau miroitante, c'est aussi, au cœur de la ville, d'une vieille église catholique où j'allais prier le dimanche, c'est encore, je l'avoue à ma honte, de certaine *Restauration* ou *Lustgarten* située dans un faubourg populeux et où j'ai eu plus d'une fois la coupable légèreté d'aller causer avec de jolies Prussiennes, car il y en a.

Quant aux dates, hormis les journées marquées par quelque circonstance funeste pour mon pays, je n'en ai observé et je ne suis en état d'en citer aucune. Tout comme en campagne, je ne regardais pas plus ma montre que le calendrier. Ce que je puis dire, en extrayant mes chiffres d'un calcul de probabilités plus qu'incertain, c'est qu'étant resté avec mon frère dans l'ambulance de Givonne jusqu'au 12 septembre, ayant passé vingt-quatre heures à Bouillon, séjourné trois jours à Bruxelles, mis un jour et deux nuits pour me rendre à Breslau en passant par Berlin, ayant vécu là environ une semaine sans incident, ce doit être vers le 23 ou 24 septembre que je fis, de mon plein gré, connaissance avec le *Schlesische Militarische Gefängniss*.

Moins volontaire, je l'ai dit, y fut ma rentrée. Je puis par exemple en préciser la date avec une certitude absolue. Elle eut lieu le mercredi 28 septembre 1870, à onze heures et demie du matin. Si j'en ai si bien retenu le jour, le quantième et l'heure, ce n'est pas seulement parce que cette malencontreuse détention déconcerta de bout en bout tous mes beaux projets, c'est surtout parce qu'elle coïncidait avec la triste nouvelle de la reddition de Strasbourg.

La lettre que j'avais écrite à ce sujet à mon frère André n'avait rien d'intentionnellement désagréable. Elle n'en agréa pas davantage pour cela à mon rigoureux critique ès lettres. A peine l'avais-je déposée à la commandantur que j'y étais demandé moi-même par un exprès. Je m'y rendis sans l'ombre d'appréhension, n'ayant pas le plus petit soupçon qu'il pût y avoir colère sous roche.

En y réfléchissant, je ne crois pas que l'intention première du général fût de m'infliger une punition : il voulait plutôt faire avec moi un de ces exercices de français qui lui étaient chers, en m'adressant quelque éloquente mercuriale. Ce qui mit le feu aux poudres, ce ne fut pas le texte, ce fut le commentaire. J'avais en effet veillé à ce que les termes de ma lettre restassent aussi modérés que possible en ce qui concernait nos vainqueurs. J'avais seulement rappelé à mon frère que Louis XIV, résistant jusqu'au bout aux sollicitations de Condé et de Catinat, n'avait jamais permis que Strasbourg fût bombardée. « Je veux l'acquérir, leur avait-il dit, non la conquérir. » Et je citais la devise inscrite par son ordre sur la médaille commémorative de la réunion de la ville à la France :

« *Non Ferro, sed Jure redacta.* » Pas par le Fer, par le Droit.

M. le général exalta tout naturellement le droit du Fer, me conseillant de le reconnaître et de m'y soumettre. Je répliquai un peu à la légère par un éloge ironique d'Attila et de Gengis Khan qui avaient supérieurement pratiqué ce droit-là.

Sur quoi, et sans plus d'explication : coup de timbre, apparition de l'officier de service, quatre jours de prison !

Je tombai des nues et j'en tombai comme Icare, les ailes brisées et le dos meurtri.

Bien connaître les tours et les détours d'une prison d'où je voulais m'échapper en m'y faisant enfermer une première fois, rien n'avait été plus sage; mais m'y faire trop connaître moi-même en y revenant à si peu d'intervalle, rien ne me paraissait plus dangereux. Encore faut-il laisser aux gens le temps de vous oublier.

La susceptibilité patriotique de M. le général von der Linden et le brusque châtiment qu'elle m'avait attiré me jouaient là un bien vilain tour. J'étais emprisonné sans avoir en main le premier sou de mon trésor de fuite et je devenais du coup un prisonnier remarqué, sinon remarquable, par la fréquence même de mes punitions.

Comment pourrais-je désormais me flatter de pouvoir jamais passer inaperçu, même au milieu d'un groupe de visiteurs, même dans un défilé rapide, même grimé?

Si encore je n'avais eu qu'à montrer de loin mon permis, mais c'était de la main à la main qu'il fallait le remettre. Je me sentais et je me voyais irrémédiablement reconnu et perdu. Telles étaient les fâcheuses suppositions auxquelles je me livrais tout le long du chemin.

Cependant, arrivé devant la grille, une dernière lueur d'espoir se ralluma. Si, par hasard, par indifférence, par manque de coup d'œil, le portier-consigne allait ne pas me reconnaître!... Ah bien oui! Il me reçut avec un sourire de bon revoir et me reconduisit tout droit à la cellule n° 6. Je la trouvai aussi étroite qu'elle m'avait paru spacieuse, aussi sombre qu'elle m'avait semblé claire, aussi lugubre que je l'avais trouvée riante.

Et j'avais quatre jours! quatre mortels jours à végéter dans ce cachot, sans but, sans espoir, sans consolation!

Tandis que j'étais à méditer sur la tristesse de ma destinée, le front appuyé sur ces mêmes barreaux de fer à travers lesquels j'entrevoyais naguère ma prochaine envolée vers la France, je vis apparaître sur le seuil du logis du portier-consigne la jeune fille au profil de Socrate, dont le visage étrange ne m'avait cependant pas absolument déplu l'autre jour.

Le classique roman d'évasions favorisées par la fille du geôlier se présenta sur-le-champ à ma mémoire et j'eus la naïve fatuité de ne pas désespérer d'y ajouter un nouveau chapitre.

La conviction où j'en étais arrivé qu'il n'y avait plus de praticable qu'une évasion pendant la nuit fut évidemment pour beaucoup dans la recherche de cette utile complicité, mais je ne saurais nier que les dents blanches de ma jeune complice n'y fussent peut-être pour tout autant.

C'est une raison déterminante analogue à celle que se donnait plaisamment à lui-même le cardinal de Retz : « La reine a dit que j'avais de jolies dents, il se peut que je sois ministre. »

Aussitôt pensé, aussitôt commencé. Je me postai résolument à ma fenêtre, décidé à ne pas perdre de vue une seule des allées et venues de la jolie laide aux trop grands yeux et au trop petit nez.

J'eus la satisfaction de m'apercevoir, au bout de quelques heures de contemplation assidue, que le petit nez paraissait sur le pas de la porte sans autre but que de s'y montrer et que les grands yeux finissaient par se tourner à la dérobée du côté des miens.

Enhardi par ces « muets truchemans » tout comme dame Bélise, je risquai quelques signes de tête ou d'épaule discrets, mais significatifs et de nature à faire comprendre à l'objet de mes vœux que j'aurais grand plaisir à le voir de plus près.

Mais, ni mes obsessions muettes de la première journée, ni celles du lendemain n'aboutirent à autre chose qu'à rendre les apparitions plus fréquentes mais non pas moins lointaines.

Ce ne fut qu'à la tombée de la seconde nuit, quelques minutes après l'hermétique fermeture de mon huis, que j'eus enfin le plaisir d'entendre succéder à un bruit de bottes s'éloignant dans le couloir le glissement d'une petite paire de pantoufles qui s'arrêtèrent tout juste devant ma cellule. Il y eut un instant de silence qui me parut interminable, mais qui se termina cependant par l'entrebâillement très lent, très successif et très incomplet, non pas de la porte, hélas! mais du guichet.

La vision fut de courte durée, car je ne fis réellement qu'entrevoir la blonde silhouette de la petite guichetière dont je distinguais à peine les traits mal éclairés par les lampes fumeuses du corridor. Un rapide « bonsoir monsieur le Français » traversa ses dents blanches, puis, avant même que mon « *Gute Nacht!* » lui eût répondu, l'entrebâillement s'était brusquement refermé. Avait-elle eu peur tout à coup de sa propre audace? Quelqu'un était-il venu la surprendre? C'est ce que je comptais bien lui demander à elle-même dès le lendemain, car le premier pas, le plus difficile, était fait.

En attendant, je n'en passai pas moins une délicieuse nuit d'insomnie à rêver tout éveillé. Je me voyais déjà, non pas à cet emprisonnement-ci, c'eût été vouloir aller trop vite, mais au prochain, sortant de ma cellule qu'elle m'ouvrait avec les clefs de son père, franchissant la grille sous quelque longue capote du corps de garde, guidé par ma jolie complice jusqu'à la sortie de la ville et lui glissant dans la main, au moment de la séparation, un porte-monnaie bien rempli.

De toutes ces chimères, la plus chimérique devait être longtemps encore le porte-monnaie bien rempli; ce fut aussi, je dois le confesser humblement, la complicité de la fille du geôlier.

Sur ce dernier point, je ne devais être complètement édifié que beaucoup plus tard, car ni le lendemain ni le surlendemain de ce beau soir ne m'apparut plus, ni de près ni de loin, celle que je regardais déjà comme ma future libératrice. Mille noires suppositions s'entrecroisèrent aussitôt dans ma tête avec tout autant de raisons que s'y était nichée l'idée couleur de rose que je n'avais qu'à dire pour être écouté.

Je sortis de prison, convaincu que ma charitable visiteuse avait été surprise et punie. Il ne fallait, selon moi, rien moins qu'une contrainte terrible, qu'un bannissement momentané ou qu'une mise sous clef pour qu'elle ne m'eût pas renouvelé sa visite. Cette fois encore, ma ridicule présomption était loin de compte.

J'ai appris depuis, de la bouche même de ma jeune consolatrice, — car je l'ai beaucoup revue comme j'ai beaucoup revu le gefängniss, — que sa rapide disparition du premier soir avait eu pour cause un accès de frayeur irréfléchi et sa disparition totale pendant deux jours une simple fête de famille aux environs de Breslau.

Lenchen eut la gentillesse de regretter l'inquiétude qu'elle m'avait inspirée; elle me demanda seulement de ne pas tant la regarder dans la journée, me promettant de venir aussi souvent qu'elle le pourrait causer avec moi dans la soirée. Alors commencèrent, interrompus seulement par mes jours de liberté, qui ne furent pas innombrables, de réguliers nocturnes à deux voix qui avaient bien leur charme mais qui eurent surtout leur utilité.

Lenchen savait un peu de français, moi un peu d'allemand et, au bout de ma quatrième incarcération, ces excellents cours du soir, doublant les doctes leçons de Meinherr Silbergleit, m'avaient mis en état de soutenir de véritables conversations.

Le premier usage que je fis de ces heureux progrès fut, tout naturellement, pour aborder, non sans précautions oratoires, la délicate question du trousseau de clefs du père de Lenchen, mais il n'y eut précaution qui tînt: Lenchen jeta les hauts cris, me déclarant qu'elle se couperait plutôt les deux mains que d'oser jamais y toucher.

Je ne poursuivis pas plus loin mon songe d'une nuit d'automne et je m'en tins modestement à mes dialogues coutumiers.

Au jour le jour, ou plutôt au soir le soir, j'avais fini par apprendre de mon incorruptible gardienne qu'elle avait pour mère une Polonaise des environs de Posen, que son véritable petit nom était Stacha, que ce petit nom avait fait l'objet d'interminables querelles de famille jusqu'au jour où l'autorité paternelle, finissant par l'emporter, la jeune Stacha s'était vue définitivement transformée en Lenchen. Les récriminations multipliées de M. de Bismarck sur l'obstination que mettaient les Polonais de l'Empire à ne pas se laisser prussifier et sur la prépondérante influence des mères dans cette résistance, avaient réveillé les remords du père, ancien sergent de la garde royale. Il s'était dit qu'il manquait à tous ses devoirs de patriote en n'apportant pas, lui aussi, sa pierre à l'édifice germanique. Un beau jour, il réunit tous ses parents et leur déclara à tous et à toutes qu'on eût à se tenir pour dit que la dénommée Stacha s'appellerait dorénavant Magdalena, autrement dit Lenchen.

Ainsi fut fait, non sans larmes de la débaptisée ; mais, comme ce fut là le seul acte d'autoritarisme du vieux sous-officier, qui n'en laissa pas moins la mère et l'enfant s'entretenir librement en langue polonaise, cette germanisation purement nominale fut acceptée sans trop de révolte. Il va sans dire qu'à partir de cette confidence qui donnait une explication ethnique à mon attraction vers elle et à sa sympathie pour moi, je redébaptisai à mon tour la jeune Lenchen, qui ne fut plus désormais que « meine kleine Stacha ».

Une fois, de propos en propos, elle se laissa emporter vers le souvenir lointain de son pays grand-maternel. Tout un siècle avait passé depuis l'agonie héroïque, de ce petit peuple qui ne veut pas mourir, bien que l'on ait tout fait pour le tuer. Stacha parlait de cette époque lointaine, comme nous parlerions, nous, de la guerre de 1870 ; elle en connaissait les batailles et les héros. Hélas ! son évocation se termina, un certain soir, par un vœu qui sonna comme un outrage à mes oreilles de Français : « Que Dieu garde votre France d'être jamais conquise et partagée comme notre Pologne ! »

Je rabrouai, moitié plaisamment, moitié sérieusement, la compatissante petite patriote, mais je ne pus m'empêcher de répéter à part moi : « Oh! oui, que Dieu garde notre France! »

Cette fidélité passionnée transmise de la bouche à l'oreille et conservée de génération en génération, depuis les plus grands jusqu'aux plus humbles m'avait profondément ému. Combien de fois le souvenir m'en est revenu à l'esprit comme une espérance, comme un exemple depuis le jour cruel où le traité de Francfort a réalisé en partie la prédiction douloureuse de la protestataire Polonaise de Breslau.

III

La pénurie d'argent à laquelle j'ai fait allusion au passage tourna bientôt à l'état de disette.

En quittant Bruxelles pour Berlin, où je croyais rester et d'où mon évasion, comme simple soldat, eût été de beaucoup plus facile et moins coûteuse, je n'avais emporté que la somme suffisante pour un rapide voyage d'aller et retour; mais j'avais eu le malheur d'être traité comme officier, on m'avait envoyé dans le fin fond de la Prusse et les frais de voyage, doublés des frais de séjour, avaient épuisé toutes mes ressources.

Cependant une fois fixé sur la possibilité et sur le droit de m'enfuir de prison, j'avais aussitôt écrit à mon trésorier ordinaire et extraordinaire, Jean Portaels, d'avoir à me ravitailler au plus vite. A cet appel de fonds, qui aurait pu surprendre le liseur de la commandantur, j'avais donné pour prétexte la prétendue découverte dans l'arrière-boutique d'un brocanteur d'un curieux tableau de bataille attribué à Borgognone et que j'affirmais valoir deux fois plus que les mille francs qu'on m'en demandait. Je réclamais d'urgence ladite somme afin, disais-je, de ne pas laisser échapper si belle occasion. Mais ce ne fut pas l'occasion que Portaels ne voulut pas laisser échapper, ce fut moi. Il ne se contenta pas de ne pas m'envoyer le subside réclamé, il me rogna les vivres, bornant ses envois aux strictes nécessités de mes dépenses quotidiennes, sous les prétextes les plus variés, les plus différents et, malheureusement pour moi, les plus vraisemblables. Jamais Portaels ne m'opposa un refus formel. Il m'accabla tout au contraire de chaleureuses promesses, me leurrant parfois d'un envoi immédiat dont une dépêche m'annonçait le même jour l'immédiat atermoiement. Il en advint de ma requête comme de ces procès de famille indéfiniment ajournés par la prudence et par l'esprit de conciliation du juge. La cause était toujours remise à huitaine ; seulement huit et huit eurent bientôt fait seize, seize et seize trente-deux, et trente-deux et trente-deux firent bel et bien soixante-quatre.

Tel fut, en effet, le formidable nombre de jours de retard que m'imposa successivement l'hypocrite mais affectueuse duplicité de mon ami.

J'ai toujours pensé, malgré les protestations de l'une et de l'autre, que ma sœur et ma tante avaient fait partie de ce tribunal aux procédures un peu trop dilatoires.

Des anathèmes dont a été couvert de tout temps le maudit argent, il n'y en eut peut-être jamais de plus sincères ni de plus violents que ceux lancés par moi à chaque décachetage de mon courrier de Bruxelles, tout chargé qu'il fût de tendresses.

D'autant que je ne me lamentais pas sur moi seul. Les excuses données par Portaels étaient appuyées de motifs si plausibles et enveloppées de phrases si désolées que j'avais fini par plaindre mon ami des difficultés financières qui entravaient, à notre grand regret à tous deux, — je n'en doutais pas, — et son bon vouloir et ma volonté.

Cependant, les jours succédaient vainement aux jours, je m'exaspérais de plus en plus de mon inutilité et de mon inaction. Peu à peu, et à force de voir sans cesse reculer l'exécution de mon plan de libération personnelle, j'arrêtai, je dirigeai, et je fixai bientôt ma pensée sur une autre conception audacieuse à coup sûr, peut-être déraisonnable, mais non pas du tout irréalisable.
Il ne s'agissait de rien moins que d'un plan de libération collective.
Le nombre des officiers et des soldats français internés dans les différentes villes d'Allemagne égalait, s'il ne le dépassait pas, le nombre des officiers et des soldats allemands chargés de leur garde. Que par une entente bien concertée, sur un mot d'ordre secrètement donné, avec des chefs bien résolus, une révolte de prisonniers éclatât le même jour et à la même heure dans toutes les garnisons de captivité, ce ne seraient ni les Landwehriens, ni les Landsthurmiens, ni la police qui pourraient résister à cette

formidable poussée libératrice. Il faudrait prendre à l'avance les mesures nécessaires pour que la nouvelle fût immédiatement portée en France. Quant aux premières armes et aux premières munitions nécessaires pour la réussite de ce coup de main, on s'en emparerait de vive force pendant le défilé de la parade qui se composait toujours de fort peu d'hommes et avait lieu partout à la même heure. Après quoi...

Un vieux commandant d'infanterie, qui faisait partie du groupe d'officiers auxquels j'exposais mon projet, m'interrompit du geste et de la voix. « N'allez pas si vite, fougueux zouave ; si désastreux que serait fatalement pour nous le résultat final de notre tentative, elle n'en pourrait pas moins, je le reconnais, très utilement servir la France au moins pendant quelques semaines. Nous attirerions vraisemblablement sur nous une partie de l'armée d'invasion et nul ne peut nier qu'il en résulterait un secourable répit pour les assiégés et une effroyable alerte pour les assiégeants. Les conséquences pourraient bien dépasser nos espérances. Victorieux ou non, nous aurions toujours livré là une bataille d'un nouveau genre, qui ne serait ni sans honneur pour nous ni sans avantage pour les nôtres. Mais, à votre beau projet plus ou moins discutable, plus ou moins pratique, il y a une très grosse difficulté. Ce n'est pas de faire circuler le mot d'ordre, ce n'est pas d'établir une entente entre les officiers subalternes, ce n'est même pas de désarmer la parade, c'est d'armer d'une résolution semblable à la nôtre l'un quelconque de nos généraux vaincus. Un mouvement sans chef est un corps sans tête et notre révolte tournerait à l'échauffourée. C'est, si vous le voulez, la faiblesse, mais c'est aussi, je vous l'assure, la force de notre vieille armée qu'elle soit très solidement hiérarchisée. Nous ne serons que peu ou pas suivis faute d'un général. Or, n'en doutons pas, ce général nous fera faute. Croyez-moi, ne déchaînez pas la tempête sur une mer où nous resterions sans pilote. »

Les autres officiers présents parlèrent dans le même sens. Condamné à l'unanimité, je m'inclinai devant la sentence.

Cette leçon sur la nécessité du respect des hiérarchies dans un soulèvement militaire n'a pas été tout à fait perdue pour moi, mais je n'en regrettai pas moins longtemps, je n'en regrette pas moins encore l'échec de mon aventureuse proposition.

A quelque temps de là, ce groupe d'officiers, dont ma confiance avait gagné la confiance, me fit l'honneur de me consulter sur la réponse à faire ou à ne pas faire à l'article d'un journal envoyé et répandu à profusion dans toutes les garnisons de captivité. Il y était raconté qu'une vaste conspiration s'y organisait entre les officiers prisonniers en faveur du rétablissement immédiat de la dynastie impériale. On y annonçait même comme certain que des engagements dans ce sens étaient déjà pris. Tout cela n'était qu'une fausse nouvelle destinée à jeter le trouble dans les esprits et à faciliter une prochaine tentative d'embauchage que rien ne préparait mieux que cette hypothèse alors mensongère.

Plusieurs de mes camarades pensaient que le plus simple et le plus sage était de dédaigner cette manœuvre, mais quelques autres jugeaient que le silence serait traduit comme un acquiescement et inquièterait non seulement les hommes au pouvoir mais l'armée en campagne.

Je fus de l'avis de ceux-là et je crus qu'une réponse était nécessaire.

La difficulté était dans la rédaction de cette protestation. Il n'y fallait pas engager l'avenir, mais il importait de dégager le présent de toute préoccupation qui pût servir de prétexte à moins d'union, à moins de courage, à moins de discipline dans la lutte contre l'invasion.

On me mit la plume en main et, après certaines modifications réclamées pour diverses raisons et aussi pour des raisons très diverses, **voici le texte qui fut adopté :**

« *À l'heure des efforts héroïques du pays, il ne faut pas qu'une inquiétude énerve ses espérances.*

Le parti bonapartiste parle d'une restauration secondée par nous; c'est une illusion ou une calomnie.

Que les défenseurs de notre chère Patrie le sachent bien, l'armée française n'appartient qu'à la France, la France seule pourra en disposer.

Les volontés de la nation sont nos ordres. Puisse les erment d'obéissance, que nous lui faisons ici, être son encouragement dans le présent et sa sécurité pour l'avenir! »

Il n'y avait là ni adhésion à la République ni répudiation de l'Empire. C'était avant tout une affirmation de dévouement sans réserve à la Patrie en danger, en même temps qu'une assurance de neutralité confiante que nous adressions du fond de notre impuissante captivité aux bons Français qui avaient ressaisi et relevé le drapeau.

La protestation, mise en circulation dès le lendemain, fut immédiatement signée à Breslau par l'immense majorité de ceux à qui elle fut communiquée et elle reçut bientôt, dans toutes les villes d'Allemagne, de nouvelles et nombreuses adhésions.

Mis au courant de l'intention où j'étais de m'échapper, ceux qui avaient été les inspirateurs et les collaborateurs de ce patriotique manifeste me mirent en poche les premières listes, avec mission de les communiquer en France soit à la presse, soit au gouvernement, selon que meilleur me semblerait. Je pris la précaution fort inutile, et que je crus sage, de coudre moi-même ces papiers dans la doublure de mon gilet et je me réjouissais par avance à la perspective d'être un jour le messager de ce message de concorde et d'encouragement.

IV

Par malheur, les portes du Gefängniss

étaient plus près de s'ouvrir à nouveau devant moi que la route du retour.

Lorsque après la guerre j'ai connu le secret des faux embarras financiers mis en avant par l'ami Portaels pour dissimuler son arrière-pensée, je lui ai, comme de juste, vivement reproché mes longs jours d'attente. J'aurais pu, avec tout autant de raison, lui imputer une bonne part de mes jours de prison. C'est la durée des uns qui a permis au général von der Linden de multiplier le nombre des autres.

Mon farouche censeur ne s'en fit pas faute. Notre controverse historique sur le bombardement de Strasbourg et mon indirecte assimilation du roi de Prusse au roi des Huns avaient achevé de l'indisposer contre moi.

Comme durant tout mon séjour à Breslau, je ne commis pas la plus petite infraction à la discipline proprement dite, mon supérieur allemand, ainsi qu'il s'était orgueilleusement baptisé lui-même au cours d'une de nos discussions, fut forcé de se rabattre sur ma correspondance. Il s'y rabattit à bras raccourcis.

Chacune de mes phrases était passée au crible, non de sa justice mais de sa colère. Il interprétait à offense tout ce qu'il ne comprenait pas. De mon côté, je l'avoue, je prenais un malicieux plaisir à mettre à l'épreuve, soit par la rédaction de mes lettres, soit par la tournure même de mes répliques, la parfaite connaissance qu'il se targuait d'avoir du « parler français ».

J'eusse assurément mieux fait de veiller sur ma plume et sur ma langue. Mais la jeunesse et le tempérament l'emportaient sur la réflexion et puis le général insistait vraiment trop sur son savoir personnel et sur la brillante instruction du corps d'officiers de l'armée allemande.

La vérité est que son vocabulaire français était très étendu, et qu'il avait une notion assez exacte du sens des mots, sinon de celui des phrases.

Il m'en donna un jour une preuve non douteuse. Dans une lettre à mon frère écrite au courant de la plume et sous le coup de je ne sais plus quel désastre, je le suppliais de me prévenir par dépêche des événements graves. Je donnais comme raison de cette prière la douleur humiliante que j'éprouvais à être obligé d'apprendre les nouvelles de France en lisant les affiches sur les murs au milieu d'un troupeau de Prussiens.

— Monsieur, m'avait dit le général, les Prussiens ne sont pas des troupeaux : c'est les bêtes qui sont des troupeaux; les Prussiens sont des troupes, de bonnes troupes, et vous devez en savoir quelque chose, puisque vous avez assisté à la journée de Sedan.

Il n'y avait pas grand'chose à répliquer à ce sarcasme, si peu de chose que je ne répliquai rien. Mais le général essaya de pousser plus loin ses avantages. « Vous voyez, n'est-ce pas, que, pour un barbare ignorant, je connais assez bien les finesses de votre langue ? »

Je profitai de ce que cette boutade avait tournure de question pour me soulager un peu du mutisme que je venais de garder à grand'peine.

J'aurais pu répondre que le mot injurieux m'avait échappé, ce qui était vrai; mais, habitué que j'étais à passer toujours tout droit de la Kommandantur au Gefängniss, j'allai hardiment au-devant du châtiment qui m'attendait. Je me donnai seulement la satisfaction intérieure de décontenancer un peu mon docte interlocuteur en alambiquant tout exprès les termes de mon insolence.

Sans hausser le ton ni la voix, je répliquai que je n'avais jamais dit que M. le gouverneur fût un ignorant, que j'avais même rarement vu d'étranger aussi versé que lui dans l'étude de la méthode Ollendorff, qu'il avait donc parfaitement saisi la chose, mais qu'en réalité, bien loin que ce fût une finesse, c'était plutôt tout le contraire.

Le général se souleva sur son fauteuil : « Quel contraire ? qu'est-ce que j'ai saisi ? en quoi suis-je versé ? veuillez vous expliquer. »

Je m'y refusai froidement, prétextant que je n'avais rien dit qui ne fût clair et déclarant qu'en tous cas je n'avais pas l'honneur d'être son professeur de français. Aussitôt le timbre résonna tout comme pour Strasbourg et, comme pour Strasbourg aussi, le tarif fut de quatre fois vingt-quatre heures.

Ce n'était pas seulement le texte intentionnellement obscur de mes lettres qui déchaînait les foudres de mon Jupiter silésien, c'était surtout les ripostes railleuses que j'opposais avec le calme le plus courtois à ses véhémentes et impérieuses demandes d'explication.

Rien ne l'exaspérait et ne l'intriguait autant que les locutions proverbiales ou les citations auxquelles se heurtaient ses lectures et dont il voulait toujours comprendre le sens et savoir l'auteur.

« Le style, c'est l'homme » et l'étonnement

que je témoignai de ce que M. le gouverneur ne connût pas mieux Buffon, qui avait pourtant écrit l'histoire de tous les animaux, me valurent deux jours de séquestration.

Dans une autre lettre, ce lambeau de proverbe : « Oignez vilain... » avec ses trois points de suspension, m'attira un flot de questions que je laissai sans réponse, une tempête de reproches qui me laissa calme et quarante-huit autres heures de plus dans la cellule n° 6.

Mais, de toutes mes nombreuses comparutions devant le terrible lorgnon d'or de M. le général et de toutes les aussi nombreuses condamnations qui s'en suivirent, il n'en est pas qui ait eu une cause plus ridicule et, pour dire le mot, plus grotesque que le quiproquo que je vais conter.

Un matin, communication nous avait été faite, au rapport, d'une décision prévenant MM. les officiers internés, que ceux d'entre eux qui désiraient changer de garnison de captivité n'avaient qu'à adresser leurs placets à la commandantur. Là-dessus, déluge de placets. Ce débordement de sympathies à rebours ne fut pas du goût de M. le gouverneur, tant et si bien qu'au rapport suivant, une nouvelle décision prévenait MM. les officiers qu'en raison du grand nombre de leurs demandes, il ne serait donné suite à aucune.

En racontant cette virevolte à mon frère, je terminais mon récit par cette traduction libre de l'incident : « Vous voulez tous quitter Breslau, nous a dit notre excellent général, c'est bien entendu ? c'est bien convenu ? Touchez-là, vous n'aurez pas ma fille. »

Notez que je ne reproche nullement à ce parfait Allemand de n'avoir pas mieux connu Molière que Buffon, mais il eût vraiment mieux fait, ce jour-là, de me demander le sens de ma citation que de l'interpréter à lui tout seul ainsi qu'il le fit.

Lorsque je me rendis dans son cabinet, sur son appel, je l'y trouvai marchant à grands pas. Il tenait ma lettre à la main et, m'en soulignant de l'ongle la dernière ligne : « Monsieur, me dit-il sévèrement, quand est-ce que j'ai parlé de ma fille au rapport ?... »

Ce ne furent pas, cette fois, ma réponse ni mon silence qui me firent châtier, mais le rire fou qui s'empara de moi. Je riais encore en montant l'escalier du Gefängniss malgré les quatre longs jours que j'avais à y passer.

Pourquoi quatre longs jours, me direz-vous, et non pas quatre heureux jours, étant donné vos quotidiennes veillées du château avec la jeune Stacha?

D'abord, parce que les veillées ne duraient guère plus d'une cinquantaine de minutes, ce qui est bien peu sur les 1440 dont se composent vingt-quatre heures; ensuite parce que nos conversations de confessionnal à travers le guichet d'une porte close perdaient vraiment trop en intimité ce qu'elles gagnaient en innocence; enfin, parce que le château était une prison et que ni la gentillesse de ma Roxelane polonaise, ni les causeries avec les camarades visiteurs ou visités, ni mes livres, ni même mon petit de Musset de poche n'ont jamais suffi à décharger mon esprit et mon cœur de tout ce qu'il y a d'accablant dans le sentiment et dans la sensation d'une contrainte par corps.

V

Cette condamnation pour éclat de rire avait été prononcée contre moi le 28 octobre au matin; elle fut subitement et tristement levée le 28 octobre au soir.

Vers les six heures, les officiers prisonniers reçurent l'avis d'avoir à se rendre au préau central. Un des aides de camp du général gouverneur nous y attendait. Après un échange de saluts militaires, il nous récita le communiqué suivant, rédigé à coup sûr par von der Linden en personne:

« J'ai l'honneur de vous annoncer que Son Altesse Royale le prince Frédéric-Charles a pris possession aujourd'hui de la ville et des forts de Metz. En raison de l'événement, le général von der Linden lève toutes les punitions militaires. Vous êtes libres. »

Hélas! oui! j'étais libre, non pas d'ensevelir ma douleur entre les murs de mon cachot, mais de la promener, tête basse, à travers les rues d'une ville en fête.

Toutes les maisons resplendissaient de lanternes et de lampions. A des milliers de fenêtres, des inscriptions et des transparents lumineux attiraient et arrachaient mes yeux. « Metz est pris! Dieu soit loué! Vive Guillaume! Vive Bismarck! Honneur à Frédéric-Charles! »

Et ce que je ne pouvais pas ne pas lire, je ne pouvais pas non plus ne pas l'entendre. Une foule hurlante, encore plus enivrée de sa gloire que de sa bière, me déchirait le cœur et les oreilles. Sur toutes les places, dans toutes les brasseries, des chants patriotiques retentissaient, célébrant l'Allemagne, raillant et insultant la France.

Plus d'une fois, en route, je fus saisi d'un désir fou de me jeter au milieu de ces Allemands et de frapper quelque officier au visage. Mais ce n'était pas ainsi, et c'était ailleurs que j'avais à me battre.

J'arrivai enfin jusqu'à mon logis, bouleversé par une fureur que je dominais mais qui éclata malgré moi à la vue d'une double rangée de bougies audacieusement placée par mon propriétaire dans l'entre-deux de mes doubles fenêtres. Je jetai bas cette illumination, fermai les volets et restai ainsi une partie de la nuit dans les ténèbres, en proie au plus cruel et au plus violent désespoir. Les bruits du dehors finirent par s'apaiser, j'allumai ma lampe et me mis à écrire fiévreusement, non pas pour mon frère, non pas même pour le général von der Linden, mais pour moi-même une lettre toute débordante de fureur et d'indignation.

VI

Ces ïambes en prose n'allèrent pas jusqu'au bureau de poste. Ma lettre fut supprimée par ordre supérieur et enfouie dans les tiroirs de la commandantur.

Elle contenait, je le reconnais, et je m'en souviens, de violentes invectives contre le général qui, non content d'être mon geôlier, avait tenu à devenir mon bourreau.

Toute logique et toute naturelle qu'elle fût, sa mesure de clémence m'apparaissait comme un raffinement de cruauté. A mon débordement de colère contre le gouverneur de Breslau était mêlé un torrent d'imprécations contre l'infâme signataire de la capitulation. Je ne disais pas comme la maréchale Bazaine : « Il faut qu'il se tue », mais bien : « Il faut qu'on le tue. »

Cette opinion, ou plutôt ce sentiment plus instinctif alors que raisonné, fut partagé, on le sait, par les juges du conseil de guerre de Trianon. Le malheur de la France voulut que cette sentence de mort, qui eût été d'un exemple si salutaire, fût commuée, par le trop miséricordieux maréchal de Mac-Mahon, en une prison perpétuelle qui ne se perpétua que quelques mois. Cette pitié fut d'autant plus généreuse que le loyal soldat avait personnellement failli être une des premières victimes de la félonie de Bazaine.

J'en ai entendu l'accusation formelle sortir de la bouche du glorieux vainqueur de Magenta. C'était à Chantilly, chez le duc d'Aumale, en 1883. Mes amis de Neuville et Detaille assistaient comme moi à ce poignant récit.

Au cours d'une conversation qui avait trait à la campagne de 1870, un ancien diplomate, fort distingué et qui a laissé d'intéressants mémoires, M. le comte de Reiset, avait nettement posé au maréchal de Mac-Mahon la question suivante : « Est-il vrai qu'entre le 23 et le 24 août tout pouvait encore être sauvé si le maréchal Bazaine s'était résolument porté à votre rencontre en faisant une trouée du côté de Verdun ? »

Voici, à quelques mots près, la réponse du duc de Magenta. Je l'ai notée le soir même de cet entretien. Ses importantes déclarations eurent pour témoin, outre les personnes citées plus haut, un aide de camp de Mac-

Mahon, le général Broy, qui avait fait partie de son état-major en qualité de colonel pendant la campagne de l'armée du Rhin.

— Oui, répondit le maréchal, tout pouvait être encore sauvé si Bazaine m'eût réellement tendu la main comme il en avait pris l'engagement. Il m'avait fait dire non seulement qu'il viendrait à mon secours, mais qu'il y venait, que son mouvement de mise en route était déjà commencé et qu'il avait Verdun pour objectif. Si précise que fût l'assurance, ma confiance en Bazaine était loin d'être sans réserve. L'ancien commandant en chef de l'expédition du Mexique avait eu, dans sa vie militaire, plus d'un précédent permettant de suspecter la solidité de ses promesses et la loyauté de sa camaraderie. Je n'en continuai pas moins à avancer jusqu'à Montmédy et, tout en ralentissant ma marche, j'expédiai le colonel Broy avec mission de s'assurer par ses yeux de ce qui en était. Broy poussa à fond sa reconnaissance et, quarante-huit heures après, il me revenait tout ému d'inquiétude et d'indignation. Aucune armée de secours n'était en marche du côté de Verdun, aucune attaque n'était préparée pour faire une trouée, aucun des engagements pris n'était tenu et ne semblait même pouvoir l'être.

Bien loin de chercher à rompre le cercle encore mal formé de l'armée prussienne, Bazaine prenait visiblement toutes ses dispositions pour rester à Metz, pour y rentrer, pour n'en plus sortir. Bazaine m'attirait dans un traquenard!

Nous écoutions, anxieux et surpris. Il y eut un silence. Le maréchal resta plongé un instant dans les réflexions que venait de lui inspirer ce retour vers un passé déjà lointain et, d'une voix grave, il ajouta : « C'est ce jour-là que Bazaine a commencé à trahir. »

Je n'avais pas eu besoin de connaître ce commencement de traîtrise, alors ignoré de tous, pour deviner, dès le 28 octobre 1870, par quelle trahison venait de finir le vieux condottiere du Mexique.

A mon très grand étonnement, le général von der Linden parut beaucoup plus irrité de mes violents propos contre mon supérieur français que de mes invectives contre mon supérieur prussien. Ce fut, du moins, ce qu'il me dit et le principal motif qu'il invoqua pour me condamner à quatre nouveaux jours de forteresse.

J'ai compris, dès ce jour-là, que les Allemands se feraient d'autant plus ardemment les avocats d'office du maréchal Bazaine, qu'il déplaisait à leur orgueil que la capitulation de Metz fût l'œuvre d'un traître.

VII

Hormis la persévérante et sournoise résistance que mettait l'ami Jean Portaels à m'envoyer des subsides, j'avais prévu tout ce qui pouvait se prévoir pour la réussite de mon évasion. J'en avais envisagé, sous toutes leurs faces, les bonnes et les mauvaises chances. Les bonnes m'avaient paru de beaucoup plus nombreuses que les mauvaises et je m'étais, de plus, très sagement évertué à en augmenter la quantité et la qualité.

Bien que le plus malaisé fût de franchir la porte du Gefängniss, mes premières études avaient porté sur les moyens que j'aurais et sur le temps qu'il me faudrait pour gagner la frontière et sortir d'Allemagne. Ce n'était pas pour une promenade dans Breslau ni pour errer au hasard en Silésie que je m'échappais.

La question du temps et le choix du moyen ne me coûtèrent pas de longues réflexions.

Ainsi que je l'ai expliqué plus haut, de midi

à sept heures personne ne s'occupait de moi dans le « Militar Gefängniss », personne ! non pas même Stacha que, selon son désir, je regardais de moins en moins pendant la journée, depuis que je la voyais de plus en plus pendant la soirée.

Sept heures ! ce n'était pas assez pour arriver à pied jusqu'à la frontière de Bohême, mais c'était une heure de plus qu'il ne me fallait pour la gagner en chemin de fer, avant qu'on ait eu le temps de s'apercevoir de ma disparition.

Donc, adoption du chemin de fer comme moyen de transport ; restait à chercher le moyen de sortie.

Le nez retroussé de la jeune Stacha s'étant encore plus retroussé que nature, à la seule perspective de manquer à ses devoirs de fille de geôlier, il ne me restait plus qu'à faire venir de l'extérieur le secours que je ne trouvais pas à l'intérieur.

La négligence évidente avec laquelle on contrôlait les allées et venues des visiteurs m'avait, on s'en souvient, primitivement inspiré le projet de profiter du billet d'entrée d'un de mes camarades pour en faire mon billet de sortie. On se souvient également que je n'avais pas eu grand'peine à rencontrer le camarade assez complaisant et en même temps assez entreprenant pour me prêter son amicale complicité.

C'était un lieutenant des mobiles de la Marne, nommé Jaunaux, très serviable pour tous, mais spécialement dévoué pour moi qui avais eu la chance, toute récente, de lui être utile en une certaine querelle d'Allemand... et d'Allemande.

Intelligent, actif, beaucoup plus versé que moi dans la langue de Gœthe et, comme on dit au régiment, fort débrouillard, Jaunaux était, par excellence, l'homme voulu pour la circonstance.

Seulement, pour exécuter le tour de passe-passe de notre première combinaison, — la combinaison des permis interchangeables — il fallait opérer au nez, à la barbe, sous les yeux et ma main touchant la main du portier-consigne; ce pourquoi il fallait également, de toute nécessité, que l'objet à faire disparaître n'eût pas par trop souvent apparu.

Or, grâce aux multiples sévérités du Von der Linden, j'étais véritablement devenu un pilier de prison. Ce n'était plus que, sans avoir à m'approcher de qui que ce soit et sans laisser à personne le temps ni le moyen de me dévisager, que je pouvais espérer franchir incognito la petite cour et la grande grille. L'espoir était plus que problématique et sa réalisation ne me paraissait guère plus possible que la quadrature du cercle.

Je trouvai en Jaunaux le plus avisé des consolateurs et le plus hardi des conseillers.

— Ecoutez, me dit-il, quand il me vit navré de l'écroulement de notre plan numéro 1, rien n'est perdu.

« Il s'agit seulement de nous trouver, à vous et à moi, un déguisement qui nous rende tous deux méconnaissables et qui nous fasse prendre chacun l'un pour l'autre, moi à l'entrée, vous à la sortie. Pour ce faire, il nous suffirait d'adopter un costume caractéristique et dont la bizarrerie attire et frappe les yeux. Que diriez-vous, par exemple, d'un accoutrement de juif polonais : longue lévite doublée de fourrure, bonnet d'astrakan, lunettes d'or et grandes bottes?

« Ainsi affublé, je viens visiter au Gefängniss un camarade autre que vous avec un permis au nom d'un autre que moi; j'y reviens le lendemain, puis encore le surlendemain, habituant ainsi vos gardiens à voir circuler l'homme à la houppelande.

« A ma troisième venue, je coupe ma visite en deux par une sortie pour achat de cigares, sortie bientôt suivie d'une rentrée cigares en mains, et si, comme je l'espère beaucoup, ce va-et-vient a lieu sans que personne m'ait demandé d'exhiber mon permis, vous pourrez, quand bon vous semblera, exécuter la même manœuvre sous le même costume. Qu'en pensez-vous ? »

Après avoir réfléchi un instant à l'aventureuse proposition de Jaunaux, qui méritait bien réflexion :

— J'en pense, lui répondis-je, que s'il y a beaucoup de bon dans votre plan numéro 2, il y a aussi un peu de mauvais.

« Va pour le juif polonais! Va pour la tentative d'escampativos sans autre passe port que notre déguisement, mais ne va pas du tout pour la répétition deux fois de suite de la même scène.

« Si l'homme à la houppelande ne fait qu'entrer et ressortir précipitamment comme le ferait quelqu'un qui se trompe ou qui a oublié quelque chose, j'admets comme vous qu'il est fort probable, fort vraisemblable même, qu'on le laissera passer sans lui rien demander. Quant à ce qui est du renouvellement du stratagème, ce serait pure folie.

« La tentative réussira ou ne réussira pas, mais je dois risquer le tout pour le tout en une seule fois, en un seul coup, en une seule minute...

« En outre, il nous faudra joindre à l'attirail dont vous avez parlé un long foulard dont nous nous envelopperons le bas du visage, un gros cigare dont la fumée embrumera nos traits, et une légère boiterie de la jambe gauche qui complètera l'identité de nos tournures et de nos silhouettes. Pour le reste, advienne que pourra. A la grâce de Dieu! »

Qu'il y eût dans tout ceci un énorme aléa, comme dans toutes les questions d'heur et de malheur, je m'en rendais très bien compte, mais il y avait aussi beaucoup plus de probabilités pour le rouge pair et passe, que pour le noir impair et manque. C'était un coup de roulette avec une très bonne martingale. Et puis, qui ne risque rien n'a rien, et je voulais avoir ma liberté, toute ma liberté.

Sans plus tarder, Jaunaux s'occupa en hâte de se procurer tous mes divers appareils de sauvetage dont il eut la générosité de payer l'achat sur ses minces ressources, sans s'inquiéter de savoir ni si, ni quand je pourrais le rembourser.

Selon son programme, mon complet pour évasion se composait d'un bonnet d'astrakan gris, destiné à remplacer mon képi, d'une vaste pelisse à brandebourgs doublée d'astrakan noir, qui recouvrirait tout à la fois les galons de mes manches et les bandes rouges de mon pantalon insuffisamment cachées par mes bottes et, enfin, de la traditionnelle paire de lunettes bleues sans laquelle tout le monde sait qu'il n'y a jamais eu de fuite possible. Une boussole, l'horaire des chemins de fer et une carte routière de la Suisse Saxonne devaient compléter mon fourniment. Jaunaux y ajouta une forte canne, un couteau à virole et une gourde d'eau-de-vie.

Le tout fut soigneusement emmagasiné dans sa cantine en attendant l'envoi de ma rançon toujours annoncée, toujours ajournée.

Enfin, le 26 novembre, au matin, je reçus de Jean Portaels une valeur au porteur m'assurant la provende nécessaire à mon long trajet.

La menace que je lui avais faite à mots couverts de partir irrévocablement, en tous cas et même sans argent, le 27 novembre, avait fini par le décider. Je remis la traite à Jaunaux, en lui demandant de la négocier en son nom, de prélever sur la somme le remboursement de ses avances, et de m'apporter le surplus le lendemain au Gefängniss.

Pour gagner du temps, et aussi afin de profiter d'une date à laquelle un anniversaire de famille me faisait attacher une espérance superstitieuse, je me rendis directement à la Kommandantur où je demandai à parler au général. Aussitôt introduit, j'entamai la conversation par d'assez vives récriminations sur la réception tardive d'une lettre de mon frère. Ce retard provenait très vraisemblablement de Bruxelles, mais je n'hésitai pas à en accuser les bureaux de la Kommandantur.

Le général me coupa bientôt la parole et le verdict espéré résonna d'autant plus délicieusement à mon oreille que, dans sa mauvaise humeur, M. le gouverneur déclara prophétiquement que c'était là dernière fois qu'il m'envoyait au Gefängniss de Breslau et qu'à la première punition dont je serais passible, il m'expédierait, sur l'heure, au fond des casemates de Neisse.

Il m'est difficile d'exprimer avec quelle joie je repris le chemin de la prison et combien riante me parut de nouveau la cellule numéro 6.

VIII

A l'heure coutumière, le guichet s'ouvrit et la voix de ma petite Lenchen-Stacha m'appela doucement. Je m'étais muni, tout exprès pour elle, d'une minuscule édition des *Reisebilder* de Henri Heine, qui faisait pendant, dans ma poche gauche, à l'édition non moins minuscule des poésies de Musset qui n'a guère jamais quitté ma poche droite. Je pris prétexte de mon futur envoi à Neisse pour lui faire mes adieux et, après avoir couvert de baisers les petites mains qu'elle me tendait pour la première fois à travers le guichet, je lui remis son livre comme un souvenir et aussi comme un remerciement de toutes les heures de consolation qu'elle avait si gracieusement accordées au prisonnier français.

Quand elle fut partie, je luttai de mon mieux contre le tumulte de mes pensées que finit par dominer ma volonté. Il fallait à tout prix dormir et me reposer.

Je me fis également le lendemain un appétit de commande pour absorber le plus qu'il me fût possible d'un repas qui ne me tentait guère et, ma provision de forces matérielles ainsi faite, je m'évertuai à ne pas laisser mes forces morales se disperser en d'inutiles angoisses.

Plus la partie était grave, plus il me fallait la jouer avec calme.

Dans la courte prière que je fis au réveil, je demandai à Dieu de ne pas m'abandonner en chemin; je le lui demandai encore plus ardemment dans les dernières minutes que je passai dans l'embrasure de la porte du préau, attendant, de seconde en seconde, l'apparition de Jaunaux.

Mes longues bottes étaient d'ores et déjà bouclées au-dessus du genou. Je tenais à la main le képi que devait remplacer le bonnet d'astrakan.

La porte s'ouvrit enfin. L'ami Jaunaux, qui avait déboutonné les brandebourgs de la pelisse tout en montant l'escalier, s'en dépouilla d'un geste rapide, m'en revêtit avec une dextérité d'autant plus méritoire que son émotion était intense; il plaça le bonnet sur ma tête, tandis que j'assurais les lunettes d'or sur mon nez; me mit à la main mon bâton de voyage, rouvrit la porte et me poussa dans l'escalier en me disant pour tout adieu:

— Il faut boiter, nom d'un chien ! L'argent est dans la poche gauche.

La première recommandation n'était certes pas superflue. J'étais en passe de l'oublier dans la hâte que j'avais d'être dehors. Le sang-froid me revint bientôt ; je descendis posément l'escalier, tout en claudiquant, traversai la cour sans presser le pas, passai devant le corps de garde, le cœur battant, et me dirigeai vers la grille. Arrivé là, je n'eus ni un moment d'hésitation ni un mouvement de crainte, mais il est bien probable que les bouffées de mon cigare, tirées un peu plus précipitamment que de raison, ne furent pas de trop pour dérober à qui m'eût regardé le sang qui m'affluait au visage.

Cependant, je franchis le seuil, je manque de heurter au passage une des sentinelles qui s'arrête un instant pour me laisser le champ libre ; puis, me dirigeant droit devant moi, je gagne, clopin-clopant, le pont de Graupenstrasse, au bout duquel j'arrive enfin sans encombre.

J'avais fait ce trajet très lentement, trop lentement même peut-être et sans me retourner une seule fois, malgré le vif et naturel désir que j'aurais eu de savoir un peu ce qui se passait derrière mon dos. Mais je n'étais pas sans comprendre combien cette curiosité avait peu de raison d'être, puisqu'en cas de poursuite je n'avais rien à faire qu'à me laisser reprendre, sans tenter à travers la ville une course aussi folle que superflue.

Le pont une fois franchi, je me jetai dans la première rue sur la gauche et, remplaçant ma boiterie par un pas accéléré, j'arrivai bientôt à la station du chemin de fer; j'allai tout droit au guichet et demandai un billet de première classe jusqu'à Liebau.

C'était, d'après l'indicateur soigneusement consulté, l'ultime station prussienne, la station-frontière entre la Silésie et la Bohême.

J'aurais tout aussi bien pu prendre mon billet pour Prague, mais la peur que j'avais de voir quelque gendarme prussien passer l'inspection du train, monter dans le wagon et m'en faire descendre avant d'avoir franchi la frontière, me fit recourir à un biais beaucoup plus dangereux que la ligne droite. Il eût mieux valu cent fois passer devant toute la gendarmerie et toute la douane prussiennes réunies que de descendre à l'aventure, comme j'allais le faire, dans une petite ville inconnue de moi et que d'y chercher à l'aveuglette le complice essentiel pour gagner à pied la Bohême.

J'ai depuis longtemps reconnu cette première erreur. Encore est-elle un acte de sagesse à côté de la dangereuse précaution à laquelle je crus bon d'avoir recours pour n'être pas arrêté en route.

Mon invention dont la naïveté me fait sourire aujourd'hui m'avait tout d'abord paru un chef-d'œuvre d'habileté. Comme, selon toute vraisemblance, mon voyage en chemin de fer de Breslau à Liebau n'aurait pas lieu sans quelque vis-à-vis et comme, selon la même vraisemblance, les dits vis-à-vis seraient pour la plupart des Prussiens, j'avais conçu la crainte qu'en dépit de mon accoutrement de juif polonais, quelqu'un de mes covoyageurs ne flairât en moi le Français évadé. De là à être dénoncé, il n'y avait qu'un pas et d'être dénoncé à être arrêté, d'être arrêté à être ramené entre deux sabres jusqu'à ma prison, d'où je ne sortirais vraisemblablement plus qu'entre douze fusils, il n'y avait qu'un second pas encore plus pénible à franchir que le premier.

Cette crainte sage m'inspira l'idée folle de me munir par avance d'une fable qui fût de nature à dépister et même à prévenir les soupçons. A cette fin, j'avais composé et appris mot à mot un long thème allemand qui devait me servir d'apologie. D'après ce roman, auquel collaborèrent à leur insu herr Silbergleit et la jeune Stacha, j'étais un Polonais né en Amérique; je revenais de Posen où j'avais été régler des affaires de famille; j'avais fait halte à Breslau pour y régulariser ma situation militaire et y faire constater qu'étant boiteux, je ne pouvais être soldat; et à l'heure actuelle je retournais à Turin où j'étais professeur de français. Je terminais enfin cette jolie bourde par l'affirmation toute véridique que je parlais fort mal l'allemand, faute d'habitude, mais assez bien le français.

Au fond, si inutiles qu'elles auraient été en cas de difficultés sérieuses, ces explications n'avaient en soi rien de par trop déraisonnable. Il n'y avait de véritablement puéril que la hâte que je mettais à les fournir à qui ne me les demandait pas.

A peine monté dans le wagon et sans que personne m'eût adressé la parole, j'étais entré en conversation immédiate avec mes voisins de droite et de gauche et je leur récitais d'affilée mes justifications préventives que des gens moins indifférents eussent assurément trouvées accusatrices.

Il était sans doute écrit que rien de ce qui aurait dû me perdre ne me perdrait. Mes voisins, braves commerçants silésiens déjà d'un certain âge, ne prêtèrent qu'une oreille distraite à mes palabres et se replongèrent dans leurs conversations d'affaires.

Naïvement convaincu que j'avais dextrement écarté tout soupçon, je me plongeai, moi, dans la pseudo-lecture d'un tome dépareillé de Schiller.

De temps à autre, un sommeil non moins simulé me permettait de méditer à loisir sur les périls de ma situation, et de récapituler, à part moi, les phrases d'un autre thème allemand contenant toutes les questions et propositions nécessaires pour m'aboucher avec un guide. J'essayais aussi de prévoir les réponses de ce complice encore inconnu et d'en vaincre les résistances supposées.

Si hasardée que fût la dernière manche de cette suprême partie, j'avais hâte de la jouer.

Les roues tournaient trop lentement à mon gré et, par un mouvement instinctif dont je ne me rendis compte qu'à la fatigue que j'en éprouvai tout à coup, je m'étais arcbouté à la banquette en face de la mienne, et je poussais véritablement le wagon des épaules comme s'il m'eût été donné d'en accélérer la vitesse.

Enfin, et sans autre encombre qu'un malencontreux changement de train et qu'une halte mortellement longue à la station de Ruhbank, j'arrivai vers les dix heures du soir à Liebau.

LIVRE II

✢ DE LIEBAU A MILAN, PAR VIENNE ✢

Recherche d'un guide. — La brasserie. — A la grâce de Dieu. — Mon complice. — Marche de nuit. — Tra Los Montes. — Chantage sans écho. — Un souvenir du Caire. — Le couteau à virole. — Rencontre d'une sentinelle. — Un poltron me fait peur. — Königshain, Autriche ! — En route pour Vienne. — Dialogue inquiétant. — L'hôtelière de Baden. — Manque d'argent. — Le chef de gare de Milan. — En souvenir de Palestro.

I

Les voyageurs qui descendaient du train en même temps que moi n'étaient guère nombreux. Je quittai la gare un des premiers et m'acheminai, presque seul, vers la ville guidé par une double rangée de réverbères encore allumés. Il faisait, en outre, une de ces nuits blanches comme j'en ai retrouvé plus tard en Russie. Bien qu'il n'y eût pas de lune, le ciel brillait d'une clarté crépusculaire, et la nappe de neige, qui recouvrait le sol, jetait, elle aussi, des reflets argentés.

Le 27 novembre était un dimanche ; malgré l'heure tardive, des groupes de passants circulaient encore par les rues. Le froid rigoureux ne donnait à personne l'idée de s'arrêter en route, et tout le petit monde habituel des réunions dominicales semblait ne se soucier de rien d'autre que de rentrer chez soi au plus vite.

Il n'y avait là nul flâneur capable de devenir un curieux.

Je me mis tout d'abord en quête d'une de ces brasseries, moitié cabaret moitié restaurant, qui foisonnent dans toute l'Allemagne. Celles qui étaient trop éclairées et trop bruyantes me faisaient peur et je me décidai à entrer dans un modeste petit débit de bière situé à l'angle d'une rue et portant sur les vitres de sa porte cette engageante inscription : « Hier iszt man », ici on mange.

Je commençai par y manger. La demi-douzaine de joueurs et de buveurs qui étaient là, cartes en mains et pipe aux dents, étaient trop occupés à regarder leurs jeux et à méditer leurs coups pour penser à me dévisager. Ce ne fut qu'à la fin de la partie et avant d'en entreprendre une autre que l'on commença à faire attention au nouveau venu.

Il est plus que probable que pas un de ces braves fumeurs-là n'était animé contre moi d'aucune malveillance, ni saisis d'aucun soupçon, mais leurs six paires d'yeux tournés simultanément vers moi me firent l'effet d'autant de paires de menottes s'abattant sur mes poignets. Je me voyais déjà conduit comme suspect devant M. le Burgmeister qui m'incarcérait jusqu'à plus ample informé. Je suis absolument sûr aujourd'hui qu'il n'y avait pas l'ombre d'une idée pareille dans les bons gros yeux plutôt gouailleurs de mes voisins.

Mais quoi ! les consciences troublées voient tout en noir même avec des lunettes bleues.

Mon frugal repas terminé, je profitai du moment où ces messieurs se faisaient apporter un nouveau cruchon de bière pour me lever, aller jusqu'au comptoir régler mon addition et gagner la porte.

Ma première idée avait été que je trouverais précisément dans l'une de ces tavernes, le guide nécessaire pour passer la frontière.

L'émotion que venait de me donner l'inspection d'un quarteron d'innocents buveurs me fit renoncer à renouveler ma tentative dans aucun autre lieu d'assemblée.

En quoi, du reste, un passant momentanément attablé m'eût-il offert plus de garantie qu'un passant qui passerait ?

J'en conclus que le plus court, qui pouvait être encore cette fois le plus sûr, était de m'en remettre à la Providence et de m'adresser au premier venu.

Ce premier qui vint et que j'eus un instant le loisir d'examiner à la double lueur d'un réverbère et du rayonnement de la neige, était un assez fort gaillard bien découplé, la figure ronde, toute rasée, ayant à la bouche une pipe relativement courte en tant que pipe allemande, sur les épaules une sorte de longue veste de drap marron au collet relevé et sur la tête une confortable casquette de fourrure. J'eus un instant d'hésitation à le voir mieux nippé que je n'eusse voulu, mais la réflexion me vint que j'en serais quitte pour lui offrir davantage.

Je l'abordai. Comme la station du chemin de fer était assez distante de la ville j'en pris prétexte pour lui demander de vouloir bien m'y accompagner. J'étais malheureusement dans le bon chemin et il me répondit d'un signe de doigt m'indiquant que je n'avais qu'à aller droit devant moi.

J'insistai, feignant de craindre de ne pas m'y retrouver malgré la simplicité du parcours et pour tâter l'eau, avant de m'y jeter, je lui promis un bon pourboire s'il m'accompagnait jusque-là. Il haussa un peu les épaules comme un homme qui ne trouve pas la demande très raisonnable, mais il n'en fit pas moins volte-face.

Je ne doutai pas que le thaler que j'avais sorti de ma poche tout en lui parlant ne fût pour beaucoup dans son changement de front et j'en tirai un bon augure pour l'effet que pourrait produire la poignée de pièces d'or que je tenais toutes prêtes dans le creux de ma main droite. Je ne me trompais pas.

II

Il y a, entre la petite ville de Liebau et la station, un bout d'allée plantée d'arbres que ne borde ou que ne bordait alors aucune maison. Je l'arrêtai là brusquement et, démasquant mes batteries à tout risque et à tout péril, je lui demandai tout net s'il n'avait jamais franchi la frontière à pied et s'il ne connaîtrait pas, en prenant par la montagne, un chemin détourné dans lequel un contrebandier fût sûr de ne rencontrer ni douanier ni gendarme.

J'ignore à quelles réflexions le bonhomme s'était déjà livré sur mon compte, mais sa voix ne témoigna aucune surprise ni sa réponse aucune hésitation : « Parfaitement, je connais ce chemin-là. Mais très long et beaucoup de neige.

— Oui, mais aussi beaucoup de pistoles, » répliquai-je.

Je l'attirais en même temps dans un espace clair, entre deux arbres, et je lui faisais voir, étalés sur ma main grande ouverte cent francs en pièces de dix francs. « La moitié tout de suite, continuais-je, l'autre moitié en Bohême.

— Soit! reprit l'homme. Le temps de prévenir ma femme, de boire chaud, de prendre mon manteau et je suis à vous. Attendez-moi là un instant.

— Pas cinq minutes. Tout de suite ou pas. Votre femme? vous lui rapporterez un cadeau. Votre manteau? je vous prêterai ma veste de dessous si besoin est, et, quand vous aurez trop froid, j'ai ma gourde, mais adieu! ou en route! »

Il réfléchit une courte seconde, tendit la main aux cinq pièces d'or que je lui comptai et répéta résolument : « En route! »

De toutes les marches de nuit que j'ai faites dans la neige — et elles ont été nombreuses pendant la campagne de l'Est, — aucune ne fut matériellement aussi pénible, aucune ne fut peut-être aussi longue, mais aucune ne fut accomplie avec tant de joie et si peu de fatigue.

Mon guide qui devait, je le soupçonne, avoir des raisons personnelles pour bien connaître le chemin des contrebandiers dans la montagne, marchait, lui aussi, fort allègrement et sans tâtonnement. Il m'indiquait même, cent mètres à l'avance, la borne ou la pierre sur laquelle je pourrais m'asseoir un instant. Quant à lui, toujours infatigable, toujours debout, il se contentait, pour tout réconfort, d'une gorgée d'eau-de-vie que je lui versais prudemment moi-même dans le gobelet de ma gourde.

Si petites que fussent les libations, et si peu nombreuses qu'elles eussent été, mon compagnon n'en commençait pas moins à s'exalter un peu. La route qu'il m'avait fait prendre était un sentier de montagne assez étroit, fort escarpé, sans autre trace de pas humains que celle qu'il y laissait lui-même en me précédant. Aidé de ma canne qui me servait d'alpenstock et empêcha plus d'une fois mes glissades de se terminer par une chute, je le suivais sans me lasser. J'avais des ailes aux pieds. Pour un rien, j'eusse entonné quelqu'une des chansons de marche du 3ᵉ zouaves.

La première partie du trajet se fit dans le plus profond silence. D'abord, on n'a guère envie de parler quand on monte, guère envie de causer quand on marche à la queue leu leu et guère envie d'échanger des idées quand l'échange ne peut avoir lieu qu'en une langue peu comprise et mal parlée.

Enfin, la route commença à descendre, le sentier à s'élargir et je me mis à marcher aux côtés de mon guide qui entama lui-même la conversation.

— « C'est encore loin ! me dit-il.

— Je ne suis pas fatigué, » répondis-je.

L'homme reprit :

— La route va avoir beaucoup d'embranchements.

— N'importe, pourvu que vous connaissiez le bon.

— Je le connais. Mais, si vous ne voulez pas que je vous laisse, il me faut le double de ce que vous m'avez promis. »

Il m'était arrivé jadis, au Caire, dans une circonstance beaucoup moins grave, une aventure tout à fait analogue. Le souvenir m'en revint instantanément à l'esprit. La scène égyptienne se passait dans la grande pyramide de Chéops. En touriste consciencieux, j'avais voulu visiter l'intérieur des tombeaux des Pharaons avant d'en escalader la cime. Pour aller de la salle appelée la Chambre du roi à une autre salle appelée Chambre de la reine, les visiteurs en sont réduits à passer par une sorte de couloir cintré qui monte obliquement d'une pièce dans l'autre. Le plafond en est tellement surbaissé qu'il est impossible de se tenir sous la voûte autrement que plié en deux. Le dallage en est de plus très humide et la rampe glissante ne peut être gravie sans l'essentiel secours de deux Arabes qui vous hissent là-dedans en vous tenant chacun par une main. On a la sensation très nette que, si les deux mains qui vous tiennent vous lâchaient, on serait brusquement précipité jusqu'au bas dans une glissade aussi irrésistible que salissante.

C'est pourquoi, au milieu du trajet qui n'est guère que d'une vingtaine de mètres et qui n'en paraît pas moins interminable, les Arabes essayent souvent cette plaisanterie menaçante qui leur réussit quelquefois : « Moi lâcher toi, si toi pas donner bakschich. »

J'étais assez jeune alors et mon visage imberbe leur avait certainement donné l'idée qu'ils exerceraient facilement sur moi leur petit chantage à la glissade. J'eus immédiatement l'instinct que, si je consentais à un premier bakschich supplémentaire, je ne pourrais plus avancer sous cette voûte sans être rançonné à chaque pas. Je répondis sans hésiter : « Si toi, lâcher moi, moi t'attendre à la sortie et alors gare la courbache! » Et mon Arabe de me répondre, comme allait le faire tout à l'heure mon Allemand : « Fâche pas toi, moi plaisanter. »

Mais dans ce coin perdu de la Suisse saxonne, l'abandon conditionnel que l'on me faisait entrevoir m'exposait à toute autre chose qu'à une chute; il y allait de ma liberté, il pouvait même y aller de beaucoup plus. Aussi, mon premier mouvement fut de menacer de mort qui m'en menaçait. Je tirai de ma poche mon couteau à virole, sautai sur l'homme et, lui mettant la pointe de mon arme sur la veine du cou : « Marchez droit et guidez-moi bien, sinon je vous tue. »

Tout bégayant et tout apeuré, le coquin, qui n'était au fond qu'un peu ivre, se confondit lui aussi en excuses comme l'Arabe des Pyramides, affirmant comme lui que c'était pour rire, mais il ne riait plus, ni moi. Ma main gauche s'était abattue sur lui comme un crampon de fer et je le poussais devant moi en lui répétant mes menaces.

Il était tout à fait dégrisé ! Ce qui ne l'empêcha pas de s'attendrir sur lui-même. Il me suppliait avec larmes non seulement dans la voix, mais dans les yeux, de rengainer mon couteau.

— A quoi bon? lui répondis-je; tu ne risques rien tant que je ne risque rien moi-même.

Il ne se tint cependant pour rassuré que lorsque je lui promis que je ne chercherais ni à me venger de lui, ni à lui reprendre l'argent donné, ni à lui supprimer l'argent promis quand nous serions de l'autre côté de la frontière. Sur mes affirmations répétées, son calme lui revint et le reste de la route s'acheva sans incident et sans autre précaution de ma part que de ne pas lui lâcher le bras.

Quand ma main gauche était fatiguée, je le saisissais par ma main droite. C'est dans cette attitude de gendarme ramenant un voleur que je marchais depuis plus d'une heure, lorsque, à la lueur de l'aube naissante, j'aperçus, sur la droite, un grand carré de pierres blanches recouvert en tuiles et devant lequel je distinguai très nettement la silhouette d'un soldat armé d'un fusil :

— Qu'est-ce que cela ? m'écriai-je.

— Ce pourraient bien être des douaniers autrichiens, me répondit-il assez tranquillement. Je dois m'être un peu écarté de ma route, troublé par vos menaces, mais cela n'a pas d'importance. » Il mit la main au-dessus de ses yeux, faute de lorgnette. « Oui, ce sont des douaniers, je dois même connaître leur brigadier. Laissez-moi aller lui parler, j'aurai vite arrangé l'affaire. Vous n'avez pas de contrebande, n'est-ce pas ? »

Alors même que c'eût été un poste de soldats allemands, il ne m'eût pas été possible de leur échapper et tout acte de violence devenait inutile. J'ouvris la main et rendis la liberté à l'ami du brigadier. Toutefois, avant de le lâcher, je lui avais fait observer qu'il se livrait lui-même en me livrant, attendu qu'il était déjà plus que compromis et que je ne me ferais pas faute d'expliquer qu'après avoir commencé par être mon complice, il ne serait devenu mon dénonciateur que pour une question d'argent.

J'eus même un instant l'idée de l'accompagner.

Le gros gaillard avait repris tout son flegme : « Accompagnez-moi, si vous voulez, mais je vous assure que le mieux est que j'aille seul. »

Il s'éloigna sans précipitation, rejoignit l'homme au fusil, mais, au lieu de revenir sur-le-champ, il se donna le plaisir vengeur de prolonger mon anxiété, en allongeant un peu son entretien et en ne me rejoignant qu'à pas comptés.

Je n'étais au fond rien moins que rassuré et, par un phénomène qui s'est rarement reproduit pour d'autres périls moins hypothétiques, cette attente de quelques minutes m'avait brisé bras et jambes. J'avais bien des raisons pour ne pas songer à essayer de prendre la fuite, mais la plus indiscutable était que j'aurais été hors d'état de faire un pas.

Je me laissai tomber plus que je ne m'assis

sur une pierre voisine et, en quelques minutes, mille et mille pensées funestes s'entrecroisèrent dans mon esprit.

Enfin le colloque lointain se termina et mon guide reparut, la pipe et le sourire aux lèvres. J'eus beau l'interpeller dès qu'il fut à portée de ma voix, ce n'est que lorsqu'il fut tout près de moi qu'il me répondit un peu goguenard : « N'ayez plus peur, vous êtes en Autriche. »

Toute rancune avait disparu et aussi toute défaillance. En un clin d'œil, j'étais sur pied et si transporté d'aise que j'eus la faiblesse de serrer les mains du coquin.

Ce fut à son tour lui qui me donna des instructions. « Il est inutile de traverser tout le village où nous allons arriver. Je vous ferai ouvrir la cabane d'un de mes amis qui loge un peu en dehors du bourg, vous attendrez là l'heure du train, car je suppose que vous voulez prendre le train, et nous mangerons un morceau, car je suppose que vous avez faim. »

Une demi-heure après, nous frappions à la porte d'une maisonnette du village de Königshain et nous étions bientôt attablés tous deux devant un morceau de lard auprès d'un bon feu.

Lorsque je lui remis les cinquante francs complémentaires, le fin matois s'avisa que je devais être alors de meilleure composition que dans la montagne. Mais il prit une voie indirecte pour augmenter son salaire. Il m'expliqua qu'il serait prudent à moi de ne pas trop flâner à la gare. Il avait d'ailleurs promis au brigadier-douanier que je ne me ferais pas voir. Peut-être y aurait-il à la station des gendarmes autrichiens très capables de s'étonner de ma présence et tout à fait en droit de me poser quelques questions indiscrètes. Bref, le mieux était, si je l'en croyais, qu'il allât lui-même chercher ma place.

Je ne l'en croyais qu'à moitié. J'étais surtout convaincu qu'il était homme à disparaître sans me rapporter mon ticket dès qu'il en aurait empoché le prix. Seule son histoire de gendarmes me donna un peu à réfléchir. Sans me faire un épouvantail de leur interrogatoire plus ou moins vraisemblable, j'y voyais surtout une cause de retard possible. Je me résignai donc à entrer un peu dans les vues intéressées de mon cornac et voici l'expédient que j'imaginai pour qu'il ne me volât que modérément. Il irait prendre mon billet à la gare, il le paierait avec l'argent qu'il avait en poche et je lui restituerais son avance aussitôt que je serais en possession dudit billet. Ainsi fut fait.

Je dois reconnaître qu'il y avait bien en effet à la gare un gendarme autrichien, lequel ne s'occupa d'ailleurs nullement de moi, mais je reconnus aussi, à la lecture du tarif, des places que je ne m'étais pas trompé et que mon commissionnaire m'avait fait chèrement payer sa commission. Trop de joie rayonnait en moi pour que cette découverte, très peu inattendue, me jetât dans l'esprit l'ombre d'une mauvaise humeur. Comme l'avait fort bien dit le mauvais plaisant, je n'avais plus peur. J'étais en Autriche.

III

Le train n'était pas encore arrêté que j'avais déjà sauté sur le marchepied du wagon, comme Roméo sur l'échelle de soie de Juliette. Adieu la boiterie, les lunettes bleues, le thème allemand! Adieu aussi les stupides entrées en conversation avec qui ne me parlait pas! J'étais redevenu un voyageur comme un autre. Plus fatigué seulement que tout autre voyageur, je m'étais sur-le-champ blotti dans le coin de mon compartiment où je dormis bientôt d'un bon sommeil, nullement simulé celui-là, mais calme, profond, consciencieux, comme il sied à un homme qui ne craint aucun fâcheux réveil et qui a marché toute la nuit.

A Prague, je repris un nouveau billet pour Vienne et, mêlant mes glorieuses rêveries de dormeur éveillé à mes songes heureux de dormeur dormant, je roulai de plus en plus joyeux vers la France encore lointaine, mais déjà certaine.

Cependant, avant d'arriver à Vienne, ma sécurité fut troublée par une inquiétante conversation. Soit malice, soit coïncidence fortuite, les deux voyageurs qui me faisaient face se mirent à parler des Français qui s'évadaient d'Allemagne. L'un d'eux affirma à l'autre, qui ne voulait pas le croire, que tout Français évadé, reconnu comme tel, était arrêté à son passage à Vienne et immédiatement interné. L'incrédulité du second ne détruisit pas pour moi les affirmations du premier. Rapprochant ses paroles du propos de mon guide sur les gendarmes autrichiens, je me voyais déjà tombé de Charybde en Scylla et venant échouer piteusement à l'entrée du port, stupide épave d'un naufrage ridicule.

Sans être d'une anxiété aussi douloureuse que mes minutes d'attente à la frontière de Bohême, ma dernière heure de trajet ne m'en parut pas moins cruellement lente.

Dans mon plan de route, je comptais prendre à Vienne une nuit de repos, repos quasi forcé, les trains rapides pour l'Italie ne repartant plus de Vienne que le lendemain.

Je consultai fiévreusement mon horaire et je découvris que les dits trains rapides s'arrêtaient tous à la station de Baden, petite ville d'eaux située à une heure de Vienne.

Malgré la formule aussi allemande que française : « Il est interdit de descendre avant l'arrêt complet du train », je bondis hors du wagon dès l'entrée en gare et je courus me jeter dans un fiacre qui, sur la promesse d'un bon pourboire, me conduisit au grand galop jusqu'au Südbahnhof.

Pour plus de prudence, j'avais remis mes lunettes sur mon nez et je descendis de voiture en retraînant la jambe.

Je renonçai pourtant à mon histoire de Polonais américain et, quand je me présentai à l'hôtellerie de Baden, ce fut en qualité de peintre belge. Le rôle me paraissait beaucoup plus facile à soutenir en ce qu'il me permettait de parler... belge. J'abusai de cette permission pour causer assez familièrement avec l'hôtesse qui possédait mieux encore notre langue que le général von der Linden et dont la voix était beaucoup plus douce que la sienne.

C'était une assez jolie femme entre deux âges, veuve d'un premier mari, en quête d'un second, autant que je pus comprendre, et à qui le poète Jehan de Meung aurait fort bien pu dédier son huitain :

> *Je n'ayme ny la pucelle,*
> *Elle est trop verte, ny celle*
> *Qui est par trop vieille aussy,*
> *Celle qui fait mon soucy,*
> *C'est la femme desjà meûre,*
> *La meûre est toujours meilleure.*
> *Le raisin que je choisy*
> *Ne soit ne vert ne moisy.*

Ce ne fut cependant pas tout à fait un choix, ce fut plutôt une acceptation. Voici comment l'affaire arriva.

De propos en propos, et de fil en aiguille, réclamant confidence pour confidence, elle me demanda ce que j'étais venu faire à Baden dans une saison où personne n'y vient.

Me rappelant mon titre de peintre belge, mais ne me rappelant que cela, je répondis que j'avais entendu parler de la beauté pittoresque du pays et que j'étais venu faire des études de paysage. Elle me fit fort judicieusement observer que je n'avais ni palette ni pinceaux.

La remarque ne laissa pas que de me troubler un peu et je commençai à m'embrouiller dans une série de réponses plus que maladroites. Ce fut bien pis lorsqu'elle me demanda combien de temps je comptais rester à Baden, et que je lui annonçai mon départ pour le lendemain à la première heure. « Pourquoi me dire tout cela? s'écria-t-elle en me prenant très affectueusement les mains, dites donc plutôt que vous êtes un Français prisonnier échappé de Prusse. Moi, je déteste les Prussiens d'abord et j'adore les Français. »

Je ne me le fis pas dire deux fois et j'entrai dans la voie de tous les aveux.

Cela ne m'empêcha pas de prendre le train dès le lendemain à la première heure, malgré une très gracieuse tentative pour me le faire manquer et une très vive tentation de ne prendre que celui du jour suivant.

IV

L'achat de la conscience de mon flibustier de Liebau et le bénéfice prélevé par lui sur mon billet avait considérablement réduit mon pécule. Plus je laissais de pays derrière moi, moins, comme de juste, il me restait d'argent dans ma bourse. Je ne voyageai bientôt plus qu'en seconde, puis en troisième. Je passai successivement du buffet à la cantine et de la cantine à la boulangerie et au robinet des gares. Mais toutes les économies du monde qui font durer l'argent ne le font pas renaître.

Néanmoins, mon voyage se poursuivit, tant bien que mal, jusqu'à Milan. Là, je n'avais plus en tout et pour tout qu'une trentaine de francs dans ma poche, et le prix du trajet jusqu'en France était de beaucoup plus.

J'aurais sans doute pu m'installer dans un hôtel de la ville et attendre là l'envoi de nouvelles ressources, mais cette solution, à échéance incertaine, cadrait mal avec mon idée fixe de retourner combattre sans perdre une heure.

J'eusse été navré, désespéré, honteux, je me fusse senti déshonoré à mes propres yeux si j'étais arrivé le lendemain d'une bataille sans avoir tout fait pour être là le jour même.

Je contai ma détresse et mon angoisse au chef de gare. Il en parut touché et je devais bientôt voir que cette apparence n'était pas trompeuse. Son premier conseil fut que je devais profiter de l'heure d'intervalle qu'il y avait entre les deux trains, pour aller jusqu'au consulat demander un secours. Je connaissais la ville, il m'indiqua la route à suivre et je courus frapper à la porte du consul.

Est-ce lui-même, est-ce son chancelier ou un secrétaire quelconque que je trouvai dans les bureaux ? Je n'en sais rien. Si, ce qui n'a rien d'impossible, le jeune bureaucrate qui me reçut ce jour-là à Milan vit encore et s'il lit ces lignes, il pourra se convaincre que ma demande d'argent n'était pas un prétexte et il regrettera peut-être de l'avoir si peu comprise et si mal accueillie.

Il me répondit, presque comme Cabasse, qu'il ne logeait pas de sensibilité dans son consulat. Ce ne fut qu'après de longues instances, que je crois avoir été très chaleureuses sinon très pathétiques, qu'il finit par sortir de son tiroir un écu de cinq francs en même temps qu'il sortait de son buvard une feuille de papier me demandant de signer préalablement un reçu de son obole.

Je fus assez maître de moi pour me contenter de refuser poliment son offre inutile, mais je sollicitai en échange une grâce moins coûteuse que son écu puisque aussi bien elle ne lui coûterait rien. Je lui demandai un mot d'écrit recommandant aux autorités françaises un soldat évadé des prisons de l'ennemi et revenant en France pour y reprendre du service.

Sa décision ne fut rien moins que rapide, mais il finit pourtant par me délivrer le certificat demandé, tout en me faisant remarquer que c'était beaucoup de confiance à lui que de m'en croire sur parole. Je lui fis remarquer à mon tour que, comme ce papier n'avait d'autre but que de me permettre de rejoindre le plus tôt possible mon régiment, il me serait bien difficile d'en faire mauvais usage.

Sans attendre qu'il me rendît justice et sans lui accorder un adieu qu'il n'avait pas mérité, je descendis à la hâte l'escalier du consulat et recourus trouver mon chef de gare. Ma déconvenue l'indigna plus que moi-même et quand je lui demandai jusqu'où il pourrait me donner un billet pour 35 fr. 50, il frisa par deux fois sa grosse moustache, lâcha deux ou trois : « *Corpo di Bacco!* » puis d'une étreinte cordiale me refermant la main dans laquelle je lui tendais, sans métaphore, le restant de mes écus : « Gardez cela, me dit-il, je suis un vieux soldat de 1859. J'étais à Palestro côte à côte avec votre régiment, je prends sur moi de vous donner une première militaire jusqu'à Lanslebourg et je prends sur moi aussi de vous la payer de ma poche, laissez-moi faire. »

Bien loin de me sentir humilié de cette aumône, car c'en était une, je l'acceptai avec une reconnaissance sans mélange. A toutes mes questions pour savoir son nom, mon vieux frère d'armes me répondait, dans un sentiment de modestie personnelle et d'orgueil national qui me rappelait le bon docteur saxon de l'usine d'Holly : « Mon nom n'a rien à voir là-dedans et puis vous l'oublieriez, mon nom. Je suis tout simplement un bersaglier qui vient au secours d'un zouave. Maintenant, camarade, en route, et à la grâce de Dieu ! » Et le vieux bersaglier me poussa dans le wagon, ferma sur moi la portière et me fit de la main un signe d'adieu tout en marmottant encore quelques bordées d'injures contre *questo cog... di consul di Francia*. Je n'en fus pas autrement flatté, — *per la Francia,* — mais je ne me sentais vraiment pas en droit de le contredire.

LIVRE III

✣ DE MILAN A TOURS PAR LYON ✣

Le Mont-Cenis. — Beautés consolatrices. — Dans le wagon. — C'est elle, la France ! — Trio d'évadés. — Lanslebourg, vingt minutes d'arrêt. — Bon buffet, meilleur buffetier. — P. P. C. au général von der Linden. — Récits mutuels. — Lyon, dix minutes d'arrestation. — Rencontre du docteur Cabasse. — Départ pour Tours.

I

Le passage d'Italie en France se faisait, à cette époque, par-dessus et non par-dessous le mont Cenis. Un peu avant Suse, ou à Suse même, on prenait un train spécial composé d'un long wagon en forme d'omnibus remorqué par une locomotive à crémaillère. La montée se faisait lente, pénible, d'autant plus pénible et lente que cette année-là, en Italie comme en Allemagne, en France comme en Italie, la terre était recouverte d'une neige abondante.

Cette ascension du mont Cenis est restée pour moi un souvenir ineffaçable. J'avais cependant côtoyé, la veille même, la très belle vallée de l'Adige, mais ce nouveau spectacle était d'une magnificence plus prodigieuse encore. Un clair soleil illuminait le givre des arbres et faisait étinceler les glaçons.

A chaque détour, le paysage changeait, découvrant, tantôt tout un échelonnement de cimes lointaines, vagues immenses de quelque ancienne tempête terrestre, tantôt des abîmes profonds avec leurs torrents aux flots bruyants et sombres, roulant leurs nappes d'argent à travers d'innombrables franges de diamant.

En maintes circonstances de ma vie errante et troublée, j'ai toujours éprouvé, en dépit des plus graves soucis, voire des plus lourds chagrins, une consolation physique et une distraction involontaire au seul aspect de quelque beau site. Même aux jours de misère de la campagne de l'Est dans la vallée du Doubs, même aux jours de douleur de la retraite en Suisse par le sentier de Covatan, même aux jours de détresse de mon voyage d'exil le long des lacs d'Italie et à travers les sierras de la Catalogne, de l'Aragon et de la Navarre, toute vision de beauté terrestre m'a toujours transporté pendant quelques minutes hors de moi-même et loin de tout.

Cette fois, du reste, je suivais une route d'espérance et tout contribuait à augmenter mon ravissement. Chaque tour de roue me rapprochait de ma Patrie, de mon régiment, de mon devoir. J'étais pourtant bien ardemment désireux que tout ce beau pays que j'admirais tant cessât d'être l'Italie et devînt la France.

Nous n'étions guère en tout qu'une douzaine de voyageurs dans le long et pesant compartiment qui gravissait en grinçant les pentes neigeuses de la montagne.

A l'extrémité opposée de la voiture, il y avait, blotti dans un coin et dormant d'un sommeil coupé de réveils agités, un personnage à peu près aussi étrangement accoutré que moi-même. Une longue redingote, qui n'avait assurément pas été faite pour lui, lui servait de paletot; il avait comme moi son pantalon dans ses bottes et comme moi un bonnet de voyage de gros feutre gris enfoncé sur la nuque et lui descendant jusqu'aux sourcils; un foulard fané lui entourait le bas du visage. En face était assis, autre personnage hétéroclite, un petit homme fortement râblé, les yeux très vifs, la moustache noire et dure, l'air assez jeune, mais n'en grelottant pas moins dans sa légère vareuse aux boutons de corne. Ses deux mains obstinément plongées dans ses poches ne semblaient pas pouvoir y trouver beaucoup plus de chaleur que d'argent.

Je dois avouer que, si rassuré que je fusse par le fait de me sentir en pays ami, une vague inquiétude me serrait toujours le cœur et je n'eusse pas desserré les dents pour un empire avant d'être tout à fait « chez nous ».

Je suivais sur la carte les tours et les détours de notre wagon. Encore dix kilomètres! Encore cinq! Encore trois! Encore deux! Enfin! c'est Elle, la France!

L'homme du coin, l'homme d'en face et moi-même nous voilà subitement debout. Celui-là criant : « Nous y sommes! » Cet autre : « Ça n'est pas fâcheux! » et moi, répétant sans me lasser : « C'est Elle! c'est la France! »

Après avoir entendu nos clameurs avec surprise, les autres voyageurs du train nous voient avec stupéfaction nous rapprocher brusquement, nous serrer les mains, tandis que nous nous répondons avant même de nous être interrogés : « Moi, je viens de Hirschberg ! » — « Moi, je viens de Breslau ! » — « Moi, je viens de Gœrlitz ! »

Chacun alors de commencer son récit d'évasion, les propos s'entremêlant, s'embrouillant et s'achevant dans des rires sans prétexte mais non pas sans cause.

— Je suis le capitaine Strasser, me dit l'un.

— Je suis, moi, le lieutenant Blanc, me dit l'autre.

— Et je suis, moi, le demi-sous-lieutenant de mobiles et le demi-zouave de deuxième classe Déroulède. »

Ce cérémonial de présentation n'avait eu lieu, bien entendu, qu'après un long quart d'heure d'entretien. Nous aurions pu nous dire, comme le bersaglier de Milan : « Le nom importe peu, nous sommes trois soldats français. »

II

Lanslebourg ! Vingt minutes d'arrêt ! buffet !

— « Oui, buffet ! dit l'un, c'est assez tentant.

— Sans doute, dit l'autre, mais trois francs cinquante par tête, c'est décourageant quand on n'a pas dix sous en poche.

— Eh bien ! mais et ça ? repris-je victorieusement en étalant mes trente-cinq francs cinquante. Et puis, pourquoi ne demanderions-nous pas la charité dans nos casques comme Bélisaire ? M'est avis qu'un buffetier d'une station-frontière ne nous refusera rien. Nous sommes bien forts d'ailleurs, puisque nous avons, en tous cas, de quoi payer. »

Je pris toutefois la précaution de ne pas nous mettre à table avant d'avoir expliqué notre état de pauvreté au gros homme réjoui qui se trouvait précisément sur le seuil de sa porte. Je n'avais pas trop présumé de sa générosité. Il ne fronça même pas le sourcil, nous tendit cordialement sa large main, bien décidé, nous déclara-t-il, à n'y rien laisser mettre autre chose que nos mains vides. Sans plus de phrases, d'hôtelier devenu hôte, il nous fit passer dans sa petite salle à manger personnelle et arrosa d'une bouteille de son meilleur vin le repas gratuit, qu'il tint à nous servir en personne.

Le buffetier de Lanslebourg, le chef de gare de Milan et le docteur d'Holly nous parurent dignes d'un toast spécial et — notre premier verre vidé pour la France — le second le fut à la triple santé du bon Saxon, du bon Italien et du bon Français.

Dix minutes avant l'heure du train, le chef de station, stimulé sans doute par l'exemple de son collègue milanais et sollicité à coup sûr par le patron du buffet, nous apportait trois parcours gratuits jusqu'à Lyon. Inutile de dire qu'il fut remercié avec effusion.

Avant de quitter cette première bourgade du pays français, il me parut plaisant d'exciter une fois encore le facile courroux de mon atrabilaire gouverneur de Breslau. Je me rappelai qu'entre ses diverses prétentions il se vantait d'aussi bien connaître nos us et coutumes que notre langue. Je me procurai un morceau de bristol, je le taillai à la dimension d'une carte de visite et j'y calligraphiai de ma plus belle main :

> LE ZOUAVE DÉROULÈDE
>
> AU GÉNÉRAL VON DER LINDEN
>
> P. P. C.

III

C'était d'un accord unanime que nous avions tous trois choisi Lyon pour étape. Strasser y avait des parents qui lui assureraient un gîte et des subsides; Blanc un ami sûr dont l'amitié ne manquerait pas de lui être secourable, et j'y trouverais, moi, un hôtel de second ordre, comme dit Joanne, où faire à peu de frais d'abondantes ablutions, un somme de quelques heures et un repas à prix fixe.

Tout en roulant joyeusement sur les voies ferrées de notre pays, nous nous racontions mutuellement les péripéties de nos évasions.

Strasser avait franchi la frontière en chemin de fer et il avait eu à subir, du côté prussien, l'interrogatoire d'un gendarme qui le prenait pour un caissier en fuite. Il n'avait pas eu grand'peine à lui démontrer qu'il n'avait rien dans les mains et pas grand'chose dans les poches. Strasser était Alsacien et parlait très bien l'allemand. Il n'en déclarait pas moins que le supplice de la question avec brodequins et chevalets lui eût semblé préférable à la torture que lui faisait éprouver chaque phrase de son questionneur.

Quant au lieutenant Blanc, il s'était mis en route à pied, sachant fort peu d'allemand et n'ayant d'autre guide que ses cartes. Il s'était plusieurs fois perdu en route. Le vaillant garçon n'en était pas moins arrivé ainsi jusqu'à Teplitz où il était parvenu à se faire envoyer quelque monnaie, ce qui lui avait permis de continuer son chemin jusqu'à Suse où nous nous étions rencontrés.

Je fis, à mon tour, à mes camarades le récit de mes aventures et j'y ajoutai l'aveu d'une suprême imprudence dont je ne compris toute la gravité qu'en leur en parlant ; elle dépassait de beaucoup toutes les autres. J'avais emporté sur moi, naïvement cousue dans la doublure de mon gilet, la protestation de loyalisme signée par les officiers de Breslau.

Que j'eusse été soupçonné, dénoncé, arrêté comme je pouvais l'être, à quoi m'auraient servi et mes lunettes d'or et mon thème allemand et toutes les dénégations du monde en présence de ce document révélateur ? Il fallait vraiment n'avoir jamais été fouillé, comme je l'ai été depuis par la police française, pour croire que la curiosité des agents respecte les dessous et ne va pas plus loin que les pardessus.

C'est ce que me fit observer Strasser et ce à quoi je lui répliquai que, pour lui comme pour Blanc, comme pour moi, l'heureux succès de notre fuite n'avait guère dépendu de nos calculs et qu'il n'était que juste d'en remercier surtout la Providence.

Arrivés à Lyon, Strasser et Blanc se dirigèrent chez leurs hôtes respectifs et j'entrai, moi, dans mon hôtel de second ordre. Il était peut-être même de troisième, mais très propre.

J'y demandai un lit pour dormir un peu et de l'eau pour me laver beaucoup.

Ces deux besoins largement satisfaits, je descendis frais et dispos dans la salle à manger.

Je n'avais pas encore fini d'y déjeuner, que deux messieurs en noir s'avancèrent jusqu'à ma table et me prièrent poliment de vouloir bien les suivre au commissariat du quartier.

L'arrestation — car c'en était une — n'avait plus rien maintenant qui pût m'émouvoir. Je me contentai de solliciter un simple changement de juridiction, et les priai, avec une politesse non moindre que la leur, de vouloir bien me conduire d'abord chez le Commandant de place, leur affirmant qu'au sortir de là je serais tout prêt à aller chez M. le Commissaire, s'il y avait lieu.

Il n'y eut pas lieu.

Leur soupçon plutôt naïf provenait, paraît-il, d'abord de ma houppelande et de mon bonnet d'astrakan, puis de l'inscription d'un nom étrange et tracé en caractères hiéroglyphiques sur les registres de l'hôtel, enfin de la mention y annexée faisant connaître que j'arrivais tout droit du fond de la Prusse.

Je dois dire, à la décharge de mes deux accusateurs, que je n'avais pas pris un instant la peine de les détromper. Je m'étais borné à leur demander de me conduire à la place.

L'un d'eux m'avait précédé chez le général commandant et lui avait minutieusement exposé les raisons qu'il avait de me prendre et de me garder comme espion. Deux mots d'explication, joints à la lettre du consul de Milan, suffirent à me disculper ; mais ma plus éloquente défense consista à entr'ouvrir ma houppelande et à montrer mon pantalon d'uniforme émergeant du haut de mes bottes. Cette pièce à conviction sembla décisive au général.

Les agents appelés par lui s'excusèrent de leur méprise et, fort aimablement, — je veux dire sans opposer aucune objection à ma demande — le général me fit délivrer une feuille de route pour me rendre à Tours.

En sortant du cabinet du Commandant de place, une autre surprise m'attendait, beaucoup plus impressionnante, celle-là. Par la fenêtre de l'antichambre, j'aperçus, causant dans la cour, l'homme qui m'avait livré aux Prussiens dans le bourg de Givonne.

Je demandai à l'officier de service s'il connaissait ce médecin-major.

— « Qui donc dans l'armée ne connaît le docteur Cabasse? me fut-il répondu. Il a à la fois bon et mauvais renom. Très brave, il a à son actif un véritable fait d'armes lors d'une surprise en Kabylie; mais, très dur, il a à son passif la mort d'un élève de Saint-Cyr, nommé Thomas, qu'il a impitoyablement refusé de recevoir à l'infirmerie et qui est revenu mourir sur son banc. Ce n'en est pas moins un praticien d'une grande expérience, un opérateur de beaucoup d'habileté et un travailleur infatigable. Il est en ce moment le médecin en chef des hôpitaux militaires de Lyon où il rend de très grands services. »

Je m'éloignai sans rien dire, remettant à d'autres temps, à des temps où le docteur Cabasse ne rendrait plus de très grands services, mes accusations, mes reproches, ma provocation.

LIVRE IV

DE TOURS A VIERZON PAR MEUNG-SUR-LOIRE

Sur le Mail. — A la belle étoile. — L'avenue de Dodone. — Un ancien compagnon de voyage en Égypte. — Hospitalité généreuse. — Un ami de Paris, Joseph Larroze. — Au Ministère de la Guerre. — Je suis nommé sergent au 4° zouaves. — Visite à l'archevêché. — Remise à M. Crémieux de la protestation des officiers français. — Conversation avec M. Glais-Bizoin. — Rencontre de Gambetta. — Dans l'antichambre du ministre. — Olivier Bixio. — Jugement sur Bazaine. — Je suis nommé sous-lieutenant aux tirailleurs algériens. — Monsieur Templier. — Arrivée au corps. — Présentation froide, accueil glacé. — L'intrus. — Ma première inspection d'armes. — Une heureuse épreuve. — Le commandant Louis Lanes. — Camp sous Bourges. — Éclipse et aurore boréale. — Une réminiscence d'Agrippa d'Aubigné.

1

Quand le train arriva à Tours, il était sept heures du soir. Je ne m'en rendis pas moins aux bureaux de la place que je trouvai fermés et, de là, à ceux de l'Intendance tout aussi clos. Il n'y avait plus à espérer pour moi ni distribution, ni casernement et pas davantage d'hôtellerie, mon numéraire étant réduit à deux toutes petites pièces blanches. J'achetai un pain que je dévorai à belles dents, philosophiquement adossé à l'un des gros arbres qui bordent le Mail.

Ma halte à la belle étoile n'était, du reste, pas sans compagnons. Il y avait là tout un campement de soldats, de ceux qu'on appelle des isolés. Réduits comme moi à attendre le règlement de leur sort jusqu'au lendemain, ils s'étaient installés au pied des arbres de l'avenue ainsi transformée en forêt de Dodone, un Dodone exclusivement militaire, par exemple, si exclusivement militaire que je faillis en être exclu faute d'uniforme. Je faillis même y être malmené en raison de la singularité de mon costume qui m'eut bientôt attiré des interpellations, voire des appellations assez outrageantes. Je rassurai mes voisins par une protestation vigoureuse jusqu'à la grossièreté et, développant la couverture de voyage dont je m'étais muni à Lyon, je me disposai à transformer ma salle à manger en chambre à coucher.

Tandis que, plaçant et déplaçant tour à tour le carré d'étoffe destiné à me servir tout à la fois de matelas et de courte-pointe, je m'évertuais à chercher dans quel sens je pourrais le mieux m'étendre par terre tout de mon long, je vis s'arrêter devant moi un passant qui me regardait curieusement. Je le reconnus beaucoup plus vite qu'il ne me reconnaissait lui-même. C'était un de mes anciens compagnons de voyage en Égypte, nommé Genève.

Déjà souffrant de la poitrine lorsque nous étions au Caire, le malheureux garçon était devenu encore plus hâve et plus émacié. Malgré les fourrures et les foulards qui l'enveloppaient, l'éclat caractéristique de ses grands yeux m'avait aussitôt rappelé qui il était, et, sans hésiter, je l'avais salué par son nom. Il s'était passé plus d'un an depuis notre dernière entrevue. Ma rapide reconnaissance avait d'autant plus touché l'homme qu'elle rassurait un peu le malade.

« Que faites-vous là ? me dit-il en riant.

— Eh bien ! mais vous le voyez, je fais mon lit. »

La kyrielle de ses pourquoi et de ses comment ne resta naturellement pas sans réponse. Je lui expliquai ce que j'avais fait, d'où je venais et comme quoi l'épuisement de mes finances ne me permettait pas d'autre auberge.

Genève était le fils d'un des gros entrepreneurs de la ville de Tours. Son père y possédait et y habitait une belle villa, entourée de jardins. C'est là, qu'un quart d'heure après, j'étais à table et que trois autres quarts d'heure plus tard, j'étais au lit.

Le lendemain matin, bien reposé par un bon sommeil et, ce qui n'est pas à dédaigner, bien rafraîchi par un bon bain, je me disposais à sortir pour commencer mes démarches militaires, lorsque je trouvai Genève qui m'attendait au passage sur le perron de sa villa. Avec force excuses et circonlocutions, le brave garçon, qui ne m'avait pourtant connu que comme compagnon de paquebot, me demanda la permission de me prêter un billet de 500 francs.

Je le lui permis fort volontiers; mais comme les accidents de route étaient plus que possibles sur la route que j'allais suivre, j'établis un reçu en bonne et due forme et je le lui remis malgré son refus. Genève le déchira en morceaux. « Si vous êtes tué, puisque c'est là ce que vous prévoyez, croyez-vous que je présenterai ce reçu à votre famille ? Et si vous vivez, comme je l'espère, eh bien! vous viendrez me rendre mes vingt-cinq louis. Ce sera pour moi une occasion de vous revoir. C'est bien le moins du reste que quelqu'un, qui ne peut pas servir la France, vienne en aide à quelqu'un qui l'a déjà servie et qui va la servir encore. »

La rencontre que je fis dans l'après-midi d'un ami plus intime, mais non pas plus serviable que l'excellent Genève, me mit en mesure de m'acquitter dès le lendemain de ma dette d'argent ; c'est surtout ma dette de cœur dont j'ai tenu à m'acquitter ici. D'autant qu'il ne m'a pas été donné de revoir ni de remercier Genève. Quand la guerre fut terminée, les balles n'avaient pas tué le soldat, mais la phtisie avait emporté le poitrinaire.

II

Après ma présentation aux bureaux de la place où j'avais repris ma vraie qualité d'engagé volontaire au 3ᵉ zouaves, je fus renvoyé au ministère de la Guerre, bureau spécial des évadés. L'officier de service, qui trouva ma situation un peu exceptionnelle, me fit conduire au général de Loverdo. C'était lui qui était le directeur du personnel aux bureaux de l'infanterie. Après une chaleureuse bienvenue qui fut ma première récompense, il m'expliqua l'impossibilité où j'étais de rejoindre mon ancien régiment qui faisait partie de l'armée de Paris, mais il signa séance tenante ma nomination de sergent au 4ᵉ zouaves, alors attaché à l'armée de la Loire.

Car, je le nierais en vain, toutes les lois de la hiérarchie militaire ont été scandaleusement violées en ma faveur. Il est faux de dire, comme l'ont prétendu certains de mes adversaires politiques, que je n'ai jamais été soldat; la vérité, que je livre toute nue à leurs futures agressions, est que je suis passé sergent sans avoir été caporal.

Avant de quitter le cabinet du général, je lui demandai la permission de lui remettre le précieux et patriotique papier que je rapportais d'Allemagne et que j'avais sorti le matin même de sa cachette si peu mystérieuse.

Le général prit le papier, le lut, parcourut la liste des signataires, parut hésiter un instant et finit par me rendre le tout en déclarant que cela était très intéressant, mais que cela ne le regardait pas.

Un peu contrarié de cette fin de non-recevoir, mais enchanté, par ailleurs, de mon nouveau grade, j'allai retrouver l'ami de ma famille dont j'ai parlé plus haut, et qu'un heureux hasard avait placé sur mon chemin.

Il s'appelait Joseph Larroze, avait passé par l'Ecole Polytechnique, appartenait au ministère des Finances et avait été délégué à Tours comme payeur de l'armée. Son père était l'ami d'enfance de mon père.

Larroze avait quitté Paris la veille de l'investissement; il me donna de bonnes nouvelles de tous les miens. Son temps était trop pris pour que la conversation fût longue et qu'elle pût se renouveler souvent, mais ce premier entretien avait suffi pour me lester le cœur d'un peu de joie et la bourse d'un peu d'argent.

Au cours de notre brève causerie, je lui avais mis sous les yeux la protestation des officiers prisonniers. Je lui contai que le général de Loverdo l'avait lue avec intérêt, mais qu'il avait refusé de la recevoir et par conséquent de la transmettre.

— Portez-la donc au père Crémieux,

m'avait dit Joseph Larroze, qui se souvenait d'avoir maintes fois rencontré à la maison ce vieil ami de mon père, de mon oncle et de mon grand-père.

L'avis me parut bon et je me rendis sur l'heure au palais de l'Archevêché où était installée la délégation du gouvernement de la Défense Nationale.

Le père Crémieux, comme l'appelait Larroze, me reçut à bras ouverts. Il fit encore meilleur accueil au document que je lui remis qu'à moi-même et s'engagea à en donner communication au prochain conseil du gouvernement.

Sur ses amicales instances, je le mis au courant de ma situation personnelle et, après m'avoir félicité de mon engagement, de ma venue volontaire à Berlin et du succès de mon évasion, il me fit passer de son cabinet de travail dans son salon. Je trouvai là Mme Crémieux, sa fille Mme Peigné — dont l'intelligence était aussi grande que l'énergie — et la charmante Mme Henri Cartier, femme du secrétaire particulier du ministre. J'y trouvai aussi un vieux monsieur à mine chafouine, dont le petit nez, très aquilin pourtant, ne parvenait pas à rendre la physionomie moins piteuse. Ses yeux n'étaient pas vifs, ils étaient hagards et les touffes folles de ses cheveux gris soulevés sur son crâne lui donnaient l'air d'un pauvre petit oiseau de proie échappé à quelque ménagerie foraine. C'était M. Glais-Bizoin.

Dans la conversation qui s'engagea, ce fut malheureusement lui qui parla le plus; non qu'il parlât mal, mais il ne causait pas, il pérorait. Il se livra à une interminable litanie de lieux communs sur la paix et sur la guerre, sur la République et sur l'Empire, sur l'humanité et sur la France. Combien me plaisaient plus le langage sérieux et précis de Mme Peigné et les touchantes réflexions de Mme Cartier! Elles aussi parlaient de la République et de la France, des bonnes et des maleschances de cette guerre douloureuse, mais leurs phrases sonnaient juste et, plus simples, elles étaient plus éloquentes.

Un huissier, porteur d'un volumineux paquet de lettres dans lequel chacun des assistants avait son lot, mit fin à la conversation et à ma visite.

A toutes les offres de situation administrative et politique qui me furent faites et répétées jusque sur le seuil de la porte, je répondis plus que franchement qu'en de pareils temps « j'aimais mieux être pioupiou que fonctionnaire ».

L'approbation fut à peu près générale. Seul, M. Glais-Bizoin s'offusqua de cette déclaration. Il y parut à la poignée de main plus que froide qu'il m'octroya au départ. Il est vrai que ma main non plus n'avait rien de très chaleureux.

III

En errant un peu à l'aventure pour chercher l'escalier de sortie, je me croisai dans la galerie avec deux hommes qui causaient à haute voix en marchant à grands pas.

L'un d'eux était Gambetta.

Nous étions entrés en contact en 1869 au Théâtre-Français ; nous y étions presque toujours voisins de stalle. Nos entretiens pendant les entr'actes avaient fini par établir entre nous des relations quasi amicales. La littérature en faisait les frais beaucoup plus que la politique. Le jeune dictateur vint à moi avec sa rondeur toute cordiale. Ma mise étrange lui arracha un geste de surprise.

— « D'où diable sortez-vous ainsi vêtu ? me demanda-t-il en me serrant la main.

— Des prisons de l'ennemi. Je suis arrivé hier du fond de l'Allemagne et je repars demain pour le 4ᵉ zouaves où j'ai été nommé sergent.

— Mais savez-vous que c'est très bien ce que vous avez fait là ?

— Ce n'est en effet pas trop mal.

— Venez me parler ce soir à sept heures dans mon cabinet... »

Et, sans attendre ma réponse, il reprit sa conversation et s'éloigna.

Je rentrai chez Genève où j'écrivis tout d'abord une longue lettre à mon frère André, toujours convalescent en Belgique. Je lui retraçais par le menu l'historique de ma vie de fugitif et lui donnais, avec le numéro de mon nouveau régiment, les indications nécessaires pour m'y rejoindre dès que faire il pourrait.

Ma lettre était à peine partie que le regret me prit de n'avoir pas attendu les résultats de mon audience du soir pour l'expédier.

Puisque j'allais voir Gambetta, et que ses bonnes dispositions pour moi ne faisaient pas doute, pourquoi ne solliciterais-je pas de lui et n'en obtiendrais-je pas une mission de confiance pour Paris? Tous les environs m'en étaient connus. Mes promenades d'étudiant en avaient parcouru tous les bois, et je pouvais me porter fort, sans présomption, de pénétrer dans la ville assiégée à travers et en dépit de l'armée prussienne. Ce ne serait plus alors à l'armée de la Loire et au 4º zouaves, mais à mon cher 3º et à l'armée de Paris que je reprendrais mon poste de combat.

A cette visée toute patriotique et militaire s'ajoutaient aussi, je le reconnais, un désir ardent de revoir les miens et la réconfortante perspective de pouvoir les embrasser les soirs de bataille.

C'est en roulant ces pensées dans ma tête que je gagnai, à l'heure dite, le palais de l'archevêché, et que je fus introduit dans l'antichambre du ministre de la Guerre.

Un grand garçon aux moustaches brunes et au visage décidé arpentait de long en large la grande salle où nous étions seuls tous deux.

Après un quart d'heure d'attente silencieuse, nos deux impatiences ou plutôt nos deux jeunesses se rapprochèrent. Nous nous présentâmes l'un à l'autre non pas tout d'abord par nos noms, mais par nos titres.

— « Evadé de Metz, me dit-il.

— Evadé de Breslau, lui répliquai-je.

— Maréchal des logis au 9° chasseurs à cheval.

— Zouave de deuxième classe au 3ᵉ régiment.

— Olivier Bixio.

— Paul Déroulède. »

La glace n'était pas rompue, elle était fondue. Mon camarade était le fils de l'ancien ministre républicain Alexandre Bixio. Son père et mon oncle Emile Augier étaient amis.

Tout fier, non sans raison, d'avoir pris part aux glorieux combats livrés sous Metz, il n'en flétrissait qu'avec plus d'indignation la capitulation, ou, comme il la qualifiait : l'immonde trahison de Bazaine.

Il concluait ainsi son ardent récit :

— « L'armée de Metz n'a pas été vaincue : elle a été livrée. Bazaine a négocié avec l'ennemi en dehors de toute règle, de tout droit et de toute excuse. Il a conclu un pacte qu'il croyait être avantageux pour sa propre destinée. De ce que les Allemands l'ont dupé, il ne s'ensuit pas que ce mauvais

Français n'ait pas trahi la France. L'erreur de ses calculs n'enlève rien à leur infâmie. Ce n'est pas dix balles dans la tête que mériterait ce misérable, c'est une corde au cou. »

Par malheur, la République n'a eu ni plomb ni corde pour le traître. Sa déplorable clémence a laissé, sans autre châtiment réel que la honte, un acte de félonie nationale qui augmentait pour les autres armées le péril de mort et pour toute la France les risques de défaite et de mutilation.

Arrivé avant moi, Olivier Bixio fut introduit le premier chez Gambetta. Il en sortit quelques minutes après, le visage rayonnant et, tout courant, il me jeta, dans une embrassade, cette surprenante nouvelle : « Je suis nommé chef d'escadron. » Il ne prit pas le temps d'en dire plus et partit en hâte.

Cette promotion disproportionnée m'avait déplu. Je ne trouvais pas possible, si intelligent et si brave que m'eût paru Bixio, qu'il pût prendre utilement le commandement effectif d'un escadron.

Avant d'entrer en ligne sur un champ de bataille, il faut que l'escadron ou le bataillon y arrive en ordre. C'est un don que de savoir entraîner les hommes au combat et cela ne s'apprend pas, mais c'est un métier que de veiller à la solde, aux vivres, aux gîtes d'étape, à l'entretien des armes et des effets, à la santé morale et physique de ses soldats et si tout cela s'apprend assez vite, encore faut-il que tout cela s'apprenne.

Ce n'était pas Gambetta que j'accusais d'erreur, c'était Bixio. Je ne supposais pas qu'il eût sollicité ce commandement, mais j'étais certain, par sa joie, qu'il l'avait accepté d'emblée.

Au reste, le vaillant garçon, qui ne me parlait que de sabrer l'ennemi, paya d'une demi-inactivité sa brusque ascension à un grade, non pas au-dessus de son courage, mais de son savoir. Il fut versé dans un état-major où, officier sans troupes et aide de camp sans services précis, son sabre resta au fourreau et son énergie sans emploi.

L'huissier m'appela à mon tour. Si rapides qu'eussent été mes réflexions sur la promotion de Bixio, elles n'en avaient pas moins suffi à me mettre en garde contre un entraînement de même nature.

J'entrai dans le cabinet de Gambetta, résolu

à ne pas me laisser mettre sur les épaules des épaulettes trop lourdes pour mon léger bagage de connaissances militaires. Grâce à Bixio, je n'éprouvai ni tentation ni surprise lorsque, de but en blanc et après une chaude poignée de main, Gambetta signa un papier qu'il me tendit en me disant : « Je vous nomme capitaine. »

— Je vous suis reconnaissant de tant de confiance, répondis-je en replaçant le papier sur la table. Mais la promotion est trop rapide pour moi. Je me sens hors d'état d'administrer une compagnie. Tout au plus serais-je bon à faire un sous-lieutenant présentable et un chef de section suffisant.

— Quelle modestie, mon cher ! Beaucoup n'en savent pas tant que vous, qui ont accepté de plus hauts grades.

— C'est leur affaire. Quant à la modestie, elle n'a rien à voir dans mon refus. La preuve en est que je vais solliciter de vous une mission autrement importante. »

Je lui exposai alors tous les arguments, que j'ai donnés plus haut, pour le convaincre qu'il m'était plus facile qu'à beaucoup d'autres de rentrer dans Paris sans me laisser prendre. Je le suppliai, en conséquence, d'user de moi soit comme d'un simple porteur de dépêches, soit comme d'un messager capable d'apprendre par cœur les plus longs messages et de les transmettre fidèlement aux défenseurs de Paris. J'ajoutai, pour conclure, que mon véritable régiment était là-bas et que je serais heureux de retourner me battre sous son drapeau.

Gambetta me répondit qu'il n'avait pas faute d'émissaires, mais d'officiers ; que je servirais aussi bien la France à l'armée de la Loire qu'à l'armée de Paris et que ce n'était pas une raison, parce que mon premier passage à travers les Prussiens avait bien tourné, pour en tenter un second.

« Bref, poursuivit-il, c'est moi maintenant qui vous fais prisonnier et je vous nomme sous-lieutenant, puisque la sous-lieutenance vous convient.»

Sa plume courait déjà sur le papier. Je l'arrêtai d'un geste : « Serait-ce trop vous demander, monsieur le ministre, que de vous prier de m'accorder cette sous-lieutenance aux tirailleurs algériens ? »

Les récits que m'avaient faits les zouaves de l'incomparable bravoure et de l'élan endiablé des Arabes m'avaient inspiré cette requête. Je savais en outre que le régiment était un des meilleurs de l'armée de la Loire et qu'il comptait beaucoup d'anciens soldats.

J'expliquai succinctement à Gambetta les motifs de mon choix.

— « Turco, alors ? va pour turco ! »

Il écrivit, signa et me remit une nouvelle lettre.

— « Vous la porterez demain au bureau du personnel. Un mot encore. Seriez-vous content si j'envoyais de vos nouvelles à votre mère ?

— J'en serais désolé, m'écriai-je vivement. Il est très bon, très généreux à vous d'avoir cette délicate pensée au milieu de vos graves préoccupations ; mais ma famille, avec qui il m'est impossible de correspondre, me croit prisonnier, c'est-à-dire à l'abri du danger. Pourquoi lui apprendre que je suis revenu au feu ? L'angoisse quotidienne des miens sera d'autant plus cruelle que je ne pourrai plus leur faire savoir que je ne suis pas mort, même tant que je serai vivant.

— En ce cas, je ne puis plus rien faire pour vous que vous souhaiter bonne route, mon cher lieutenant.

— Vous n'avez déjà que trop fait pour moi, monsieur le ministre, et, cependant, c'est encore plus pour ce que vous faites depuis trois mois pour la Patrie que je vous suis et vous resterai éternellement reconnaissant. »

Nos mains se serrèrent dans la plus cordiale étreinte et je courus retrouver Larroze, à qui je racontai tout au long les excellentes conséquences de son bon conseil.

IV

Le général de Loverdo, à qui je portai le lendemain la lettre du ministre, me renvoya à un brave chef de division de la direction du personnel, M. Templier.

Ce monsieur Templier, dont les cheveux grisonnèrent et blanchirent dans le poste qu'il occupa jusqu'à sa mort, était bien le bourru bienfaisant, le plus bienfaisant et le plus bourru que l'on puisse imaginer. Il n'est guère d'officiers de l'armée française qui ne l'aient connu sous ces deux aspects. Il allait m'être donné de le connaître sous un troisième que ne faisait pas du tout deviner sa tête de bouledogue. M. Templier était bel et bien un dilettante littéraire et un vieil amateur de la Comédie-Française.

Son premier accueil fut un grognement :
« Sergent ce matin ! sous-lieutenant ce soir !
pourquoi pas capitaine ?

— Parce que je n'ai pas voulu, répondis-je
sur un ton au diapason du sien.

— Ah bah ! contez-moi donc cette histoire-
là, dit-il tout en classant ses papiers. »

Je la lui contai. M. Templier me regarda
par-dessus ses lunettes avec une surprise
moindre que ne fut la mienne quand je l'entendis me tenir ce langage : « Voilà qui
s'appelle du bons sens. Je reconnais là le
neveu d'Augier, car vous êtes bien son neveu,
n'est-ce pas ? et c'est bien vous qui avez fait,
l'an dernier, votre premier début dramatique
à la Comédie-Française ? Il y avait de bonnes
choses dans votre petit drame. Il y en avait
aussi de mauvaises. Dans ce que vous avez
fait hier, il n'y a que du bon. Je m'intéres-
serai à vous et vous verrez un jour que, si
modeste que soit ma situation, il n'est pas
mauvais d'avoir pour soi M. Templier. Rap-
pelez-vous mon nom. En attendant, com-
mandez votre uniforme, je ne vous ferai pas
languir. »

Le brave homme m'avait dit vrai. Il ne me
fit pas languir ; ma lettre de service pour le
deuxième régiment de marche des tirailleurs

algériens m'arriva le lendemain et, depuis lors, je n'eus jamais à faire au ministère de la guerre, que je n'aie senti combien la sympathie de M. Templier veillait sur moi.

Une mort subite le terrassa loin de Paris. J'étais moi-même en voyage à cette époque, ce qui m'empêcha d'être de ceux qui accompagnèrent son cercueil, mais je n'ai jamais oublié mon amical protecteur, et quand un de ses parents est venu me voir dans mon exil de Saint-Sébastien, j'espère que mon accueil et mon langage lui auront démontré que ma gratitude survivait au bienfait et au bienfaiteur.

V

Il faut croire que les nominations d'officiers aux tirailleurs algériens n'entraient pas dans les prévisions des tailleurs de la ville de Tours, car il me fut impossible de trouver, dans aucun magasin, ni le drap bleu clair, ni les boutons nécessaires pour la confection de ma tunique. Je me contentai d'une tenue approximative, comme celle de Breslau. Un large pantalon rouge, à bandes bleues foncées, un képi bleu foncé à bandes rouges et, comme insignes, des trèfles d'or cousus sur les manches de ma houppelande d'astrakan. J'agrémentai le tout d'une large ceinture d'ordonnance en laine rouge sur laquelle je bouclai un sabre, un revolver et une lorgnette.

Pour toute cantine et pour tout bagage, j'avais sur l'épaule droite une petite sacoche contenant la théorie, ma boussole et une carte de France. Sur l'épaule gauche, ma couverture de voyage en bandoulière.

C'est dans cet équipage que je rejoignis le 2ᵉ turcos à Meung-sur-Loire.

L'accueil fut plutôt froid.

La présentation au corps d'officiers par M. le lieutenant-colonel Capdepont, commandant le régiment, fut faite dans ces termes aussi peu aimables que peu militaires : « M. Déroulède, avocat à Paris, qui vient d'être désigné, sur la proposition de M. le ministre Gambetta, pour occuper au régiment un emploi de sous-lieutenant à titre auxiliaire. »

Un chef de bataillon, qui se trouvait là et qui s'était sans doute mieux enquis de mes titres, voulut bien ajouter : « Un avocat qui était sous-lieutenant de mobiles, s'est engagé au 3ᵉ zouaves, a été fait prisonnier à Sedan et s'est échappé des prisons de l'ennemi. »

Ce commentaire dégela un peu les visages sans ramener complètement la cordialité. Cependant, comme le commandant qui venait de parler était venu à moi et m'avait tendu la main, quelques-uns imitèrent son exemple, et parmi eux le capitaine de ma compagnie, un Breton velu et fauve, trapu et sanguin, qui aurait assurément pu me serrer les doigts beaucoup plus fort qu'il ne le fit. Il ne m'en octroya pas moins la petite poignée de main de rigueur avec ces mots dits d'une voix gouailleuse : « Bienvenu, lieutenant. »

En réalité, hormis pour le commandant, je n'étais le bienvenu pour personne, et j'étais pour tous un intrus. Mon irritation première fut assez vive ; mais, la réflexion aidant, je compris que tous ces hommes, qui avaient lentement conquis leurs grades, étaient bien en droit d'attendre mes actes avant de m'accueillir comme un des leurs.

Mon uniforme, presque aussi irrégulier que ma nomination, n'était pas fait non plus pour inspirer de primesaut une grande attraction.

Les lieutenants et les sous-lieutenants étaient parmi les plus renfrognés. N'étant pas venu là pour chercher dispute à des Français, je les laissai se détourner de moi sans la moindre tentative d'explication ni de conciliation.

Le lendemain, à la revue de midi, je fus présenté au régiment par le colonel dans les termes et selon le rite réglementaire.

Aussitôt la petite cérémonie terminée, mon capitaine, évidemment désireux de me mettre au pied du mur, me chargea de passer l'inspection des armes.

L'épreuve n'était pas pour me déplaire. Grâce à mon vieil instituteur, le grenadier de la caserne du Louvre, ce que je connaissais le mieux dans le métier c'était le fusil. Le capitaine, qui me suivait de l'œil et de l'oreille, me trouva plus ferré qu'il ne s'y attendait sur le montage, démontage et entretien des armes. Il eut la bonne foi et la bonne grâce de m'en complimenter.

J'eus, par-dessus le marché, le plaisir de voir le sergent-major Béchery, auquel j'avais donné quelques instructions complémentaires, s'approcher du cercle des sous-officiers en clignant de l'œil d'un air satisfait. Ce fut mon premier succès d'officier. Je ne tardai pas à en avoir un second qui me classa définitivement bien dans l'esprit jusque-là récalcitrant du lieutenant-colonel.

Peu de jours après mon arrivée au corps, il me demanda à brûle-pourpoint et par manière d'épreuve, lui aussi, si je savais quels étaient les quatre plus anciens tirailleurs indigènes de ma compagnie. Je lui répondis en citant de mémoire les noms de quatre Arabes et en lui en désignant un cinquième qui avait le même temps de service.

Pendant tous les appels qui avaient eu lieu, j'avais pris soin de me renseigner sur tous les soldats de ma compagnie et de faire distinctement prononcer leurs noms par Béchery. Je répétais ces noms tout bas, tout en fixant bien les visages, et quatre jours de cet exercice m'avaient suffi pour connaître et reconnaître tout mon monde, les Arabes aussi bien que les Français. Je ne m'adressais déjà plus à aucun tirailleur sans lui mettre, comme on dit, son nom sur la figure.
J'avais vu, par expérience, au 3ᵉ zouaves, combien est prenante sur les hommes l'in-

fluence de l'officier qui les connaît individuellement.

Cet effort de mémoire ne fut pas perdu. A partir de ce jour-là le colonel disait de moi à qui voulait l'entendre et même à qui aurait mieux aimé entendre le contraire : « L'avocat s'occupe sérieusement de son affaire. Il a passé la jambe un peu vite au sac et à la gamelle, mais, c'est égal, il a le goût du métier. »

— Nous le verrons au feu, avait objecté un vieux capitaine.

Ce à quoi le colonel avait répliqué : « Oh ! ça ! puisqu'il y revient volontairement, il est probable que c'est pour y aller volontiers. »

VI

Il va sans dire que le jeune commandant, qui m'avait pris dès l'abord en amitié, ne se faisait pas faute de me rapporter ces propos et de les répandre. Notre accointance venait de ce qu'il était, lui aussi, un évadé. Il s'était, comme Bixio, échappé de Metz où il était capitaine des grenadiers de la garde et il était, lui aussi, un ami et un promu de

Gambetta. Enfin, il avait jadis fait ses premières armes au 3° zouaves où j'avais fait mon premier coup de feu.

C'était un admirable soldat, aussi brave qu'il était bon, mais par contre, aussi sévère qu'il était juste. Nos deux existences, qui se sont trouvées rapprochées là pour la première fois, se sont trouvées trop mêlées depuis, en temps de paix comme en temps de guerre, pour que je me contente de prononcer son nom.

Le commandant Louis Lanes était l'aîné des quatre fils d'un ancien capitaine du 17° de ligne. Son brave homme de père s'était engagé en 1815 à 16 ans dans la légion de Marie-Thérèse. Il avait fait la campagne du Trocadéro, pris part à toutes les guerres d'Afrique, assisté à la prise d'Alger et avait gagné une à une les franges d'or de ses épaulettes, auxquelles avait fini par s'ajouter pour sa trentième année de service le ruban rouge, si précieux alors. Le vieux soldat avait exclusivement élevé ses fils pour l'armée ou mieux, comme je le lui ai entendu dire à lui-même, « pour la Patrie! »

Tous quatre passèrent par l'école de Saint-Cyr. Louis Lanes, qui y était entré le premier, fut partout le guide et comme le second père de ses cadets. C'était lui qui les préparait aux examens, formait leur esprit, frayait leur route, aidait leur marche, les prêchant encore plus d'exemple que de paroles.

Sorti de Saint-Cyr avec un rang de classement qui lui permettait de choisir sa garnison et son régiment, il avait aussitôt réclamé l'Afrique et le 3° zouaves. Son étoile..... ses futures étoiles voulurent qu'arrivé en Algérie comme sous-lieutenant le 1er octobre 1858, il en repartit le 5 mai 1859 pour la guerre d'Italie. Le jeune sous-lieutenant reçut glorieusement le baptême du feu et de l'eau à Palestro dans cette épique traversée de la Sesietta qui valut la croix de la Légion d'honneur à l'aigle du drapeau.

Louis Lanes ignorait la peur, il ne connut jamais la fatigue.

Après l'Italie vint le Mexique. Promu lieutenant en 1866 après la prise de Puebla, il étrenna ses galons à Mexico. Peu de temps après, une désignation spéciale l'envoyait commander comme capitaine au 3° bataillon des « Cazadores ».

Dans cette période de huit ans de campagne, de sièges et d'assauts, le rude soldat avait appris trois choses indispensables aux troupes d'effectif réduit : les attaques improvisées, les lignes de retraite assurées, les grand'gardes bien postées.

Ceux qui ont eu la chance et l'honneur de servir sous ses ordres ont pu apprécier par expérience l'efficacité tutélaire de ces trois principes. Tous les trois sont dans la théorie du service en campagne, mais il est peu d'hommes de guerre qui ait mieux possédé que Lanes l'art de les mettre en pratique. J'en citerai plus loin un exemple probant. Personne, en outre, ne savait ni mieux ni plus vite lire une carte. Il existe encore dans les archives du ministère de la Guerre de remarquables études topographiques sur le Mexique, dessinées par lui entre deux combats.

Un coup d'œil lui suffisait pour voir le fort et le faible des positions, prévoir celles qu'occuperait l'ennemi et discerner celles à occuper soi-même.

Le malheur de sa destinée, celui de la France, hélas ! a été nos trente-sept ans de paix résignée qui ont laissé vieillir sans l'utiliser ce général hors de pair, aujourd'hui retraité.

Patriote jusqu'aux moelles, il était fortement imprégné de la glorieuse histoire de notre pays tout comme le fut aussi mon pauvre et cher commandant Hervé, non utilisé lui non plus!

Ces deux hommes ont été pour moi des maîtres en tout ce qui touche aux questions militaires inséparables des questions nationales, et chacun d'eux était bien, en effet, un maître-homme.

Ma vénération et ma gratitude les ont suivis l'un, jusqu'à sa tombe, où l'a couché son noir chagrin, l'autre, jusque dans sa retraite, où il déplore, comme moi, la morne immobilité de la Nation.

VII

Toute la semaine qui suivit mon arrivée au régiment se passa en marches et contremarches sans autre incident notable que d'énormes et inépuisables tombées de neige qui rendaient les étapes fort pénibles et les grand'gardes plus pénibles encore.

On était sans contact direct avec l'ennemi, quoi qu'on fût dans son voisinage.

Le XV° corps dont nous faisions partie

semblait manœuvrer pour son compte et être déja détaché de l'armée de la Loire.

Il devenait chaque jour plus évident que nous étions tenus en réserve pour quelque destination à nous inconnue.

Une large distribution de vivres, de vêtements, de linge et de chaussures — de chaussures surtout et pour cause ! — nous fut faite, sous les murs de Bourges, où notre infortunée brigade fut réduite à bivouaquer. Je dis infortunée, parce que, plus favorisé que nous, le reste du corps d'armée avait été admis aux douceurs du cantonnement. Était-ce la présence toujours un peu suspecte de mes sauvages turcos parmi les contingents de la brigade ou le manque de place et de logements qui décida la municipalité de Bourges à cet ostracisme? Quel qu'en fût le motif réel, on nous confina de l'autre côté des portes de la cité de Jacques Cœur sur un plateau glacial et glacé, que la bise éventait durement.

Cette halte qui était destinée à nous refaire nous aurait plutôt déconfits.

Il n'y eut cependant aucune maladie parmi mes Arabes, mais beaucoup de vraies souffrances, accompagnées de pas mal de lamentations. Encore ces fatalistes généreux n'accusaient-ils pas les hommes de leur infortune. Mal défendus contre la double chape de la neige tombante et de la neige tombée par leurs capuchons trop courts et par nos maigres feux de bivouacs, ils résumaient leurs doléances en cette constatation résignée : « Le Mahomet des Français pas content. »

Il est juste de dire que, de leur côté, nos officiers, nos sous-officiers et nos soldats se plaignaient aussi peu que les Arabes. Je n'en admirais pas moins le stoïcisme de ces hommes transplantés de leurs plaines de sable dans ces plaines de neige.

Un jour pourtant, le mécontentement de Mahomet prit une forme qui inquiéta jusqu'à l'égarement les fils de l'Islam. Cet accès de terreur sacrée qui faillit amener la débandade du régiment se produisit non pas, Dieu merci, au milieu d'une bataille, mais au début d'une simple revue d'armes que notre brigadier devait passer dans la plaine, qui s'étend entre Bourges et le village de Vignoux-sur-Barangeon.

Il était midi, un brouillard épais couvrait le soleil qui roulait dans la nuée grise son disque pourpre et sans rayon. Sur le front des troupes et un peu en avant d'elles, tout l'état-major du régiment causait tranquillement en attendant l'heure de la revue. Tout à coup des cris inarticulés éclatèrent sur les rangs; les yeux levés en l'air, les turcos semblaient en proie à une épouvante désespérée. Sans l'intervention précipitée de tous leurs officiers et les vigoureux horions des sous-officiers du cadre français, les rangs étaient rompus et une course folle commençait.

En levant les yeux à notre tour nous découvrîmes bientôt la cause de tout cet effroi.

Une éclipse qui allait être totale s'avançait en mordant les bords de la grosse boule rouge, « mangeant le jour », disaient les arbis. Ce coucher de soleil en plein ciel, ce minuit en plein midi leur paraissait un présage certain de la colère divine et le signe précurseur de la fin du monde.

Pendant le court moment où les ténèbres furent complètes, leurs cris redoublèrent, mais leurs officiers étaient là près d'eux et, si ces grands enfants tremblèrent encore de tous leurs membres, ils tremblèrent sur place. Bon nombre d'entre eux s'étaient prosternés front contre terre. En vain chacun de nous s'évertua à leur expliquer que ce n'était là qu'un phénomène passager, on leur montra en vain la clarté qui revenait peu à peu, ce n'est que lorsqu'elle fut entièrement revenue que ces héroïques soldats, si vite transformés en bêtes apeurées, reprirent leur raison et leur sang-froid.

Il faillit en advenir autant pendant la nuit du 16 au 17 décembre dans les bois de Chancenay.

Les feux d'une aurore boréale avaient ensanglanté le ciel. Même trouble, mêmes clameurs. Les tirailleurs se réveillaient et s'appelaient les uns les autres pour se montrer l'horrifique prodige. A leur dire, c'était cette fois les étoiles qui pleuraient du sang.

Plus confiants en nos connaissances astronomiques depuis l'éclipse, ils se laissèrent plus aisément convaincre que cela n'avait rien que de normal et que cela non plus n'aurait ni suite ni durée. Mais ce n'est que sur la foi de ces affirmations répétées que nos Arabes consentirent à se taire, à se recoucher et à se rendormir.

Ces deux incidents me remirent en mémoire le beau mot d'Agrippa d'Aubigné : « Dieu prête le courage aux hommes, il ne le leur donne pas. » Les superbes affronteurs de mort qu'étaient les turcos n'avaient pas échappé à la loi commune.

LIVRE V

✣ DE VIERZON A MONTBÉLIARD, PAR DIJON ✣

Noël! — Sans nouvelles. — Vers l'armée de l'Est. — Revue de depart. — Belcassem Ben Sliman. — Les Bourguignons. — Marches sans rencontre. — Mauvaise humeur et mauvaise querelle. — Conciliation. — Le bon gîte et la cocarde. — Le déblocus de Belfort. — La journée de Saint-Julien. — Esprit de corps. — Officiers, sous-officiers et soldats. — Portraits et silhouettes. — Réflexions sur la journée de Sedan. — Montbéliard.

1

Au sortir de Bourges, le XVe corps fut dirigé par petites étapes jusqu'à Vierzon. Les usines étaient fermées ; les ouvriers partis ; la ville morte. Les tirailleurs y trouvèrent cependant, à leur tour, bon gîte sinon bon souper. Ils y goûtèrent du moins les bienfaits réparateurs d'un cantonnement.

Nous passâmes là les fêtes de Noël — fêtes tristement fêtées comme l'on pense. — Notre bonne hôtesse du Faubourg-Vieux, Mme veuve Croizet eut, néanmoins, la touchante attention de nous inviter, mon capitaine, mon lieutenant et moi, au souper de famille où fut mangée l'oie traditionnelle, arrosée d'un antique vin du cru. Mais nos pensées étaient ailleurs; il n'y eut nulle joie dans aucun cœur et aucun verre ne se leva gaiement pour aucune santé.

Les nouvelles militaires venant de Paris n'étaient guère bonnes et les nouvelles familiales me faisaient défaut depuis un long mois.

Mes courriers de Belgique, fort intermittents par eux-mêmes, ne me disaient rien et ne pouvaient rien me dire qui me rassurât sur le sort des emmurés. Ma sœur et ma tante, Portaels et mon frère n'avaient reçu depuis l'investissement que trois lettres par ballon, revenues celle-ci de Norvège, cette autre d'Angleterre ou d'Italie, toutes trois déjà vieilles de plusieurs semaines. Quant aux bons offices de la princesse Orloff, la stricte

surveillance des avant-postes prussiens les
avaient depuis longtemps interrompus.

Les journées de Vierzon furent pour moi
de longues et tristes journées. Plus le corps
est en repos, plus l'imagination se met en
mouvement. Qu'étaient devenus les miens,
sous la pluie de fer et de feu dont parlaient,
en l'exagérant à dessein, les journaux allemands? Que deviendraient nos armées de province si l'armée de Paris n'arrivait pas à franchir la formidable muraille vivante qui l'enserrait chaque jour de plus près? Que feraient
de la France nos envahisseurs, si la victoire
définitive les en rendait maîtres? Et nous-
mêmes? Que faisions-nous? Où allions-nous?
A quoi étions-nous et serions-nous bons?

Mon capitaine breton, qui avait fini par
me prendre en sympathie, me confia sous le
sceau du secret qu'une quantité considérable
de wagons vides s'accumulaient mystérieuse-
ment dans la gare de marchandises située
de l'autre côté de la ville. Il en concluait que
le XVe corps allait être envoyé à la rescousse
et à la rencontre des Parisiens. Je faisais
des vœux ardents pour que son pronostic
devînt une prophétie.

Il n'en fut rien. C'était l'armée de l'Est

que nous allions renforcer, et, le 1er janvier 1871, les divers contingents du XVe corps remplissaient les wagons vides qui nous emportaient vers Dijon.

A la revue de départ, qui eut lieu le 31 décembre, je fis le premier essai et me donnai à moi-même la première preuve de tout ce que l'on pouvait obtenir des Arabes par un simple appel à leur fierté.

En passant devant les rangs de ma section, j'aperçus, au bout du fusil d'un de mes tirailleurs, un petit papier plié en quatre. Je m'arrêtai en face de l'homme, grand et fort gaillard à la barbe grisonnante, et lui demandai pourquoi et pour qui ce billet. Après une seconde d'hésitation, il me répondit dans son parler sabir : « Moi réengagé pour quatre ans en soixante-sept ; quatre ans finir aujourd'hui, moi demander au général aller revoir mon femme et rentrer au douar. »

Je connaissais les admirables états de service de ce vieux soldat.

— « Tu es dans ton droit, lui répliqué-je, mais ce n'est donc pas toi qui te nommes Belcassem ben Sliman?

— Si, ma lieutenant.

— Ce n'est donc pas toi qui as fait la

campagne du Mexique et qui as été blessé et médaillé à la prise de Puebla?

— Si, ma lieutenant.

— Ce n'est donc pas toi qui as pris un canon à Wissembourg, as été fait prisonnier à Sedan et t'es échappé de Pont-à-Mousson en étranglant ton gardien?

— Si, ma lieutenant.

— Alors, affirmé-je, ce n'est pas toi, Belcassem ben Sliman, qui demandes à quitter ton régiment la veille du jour où il se met en marche pour la bataille.

— Non, ma lieutenant. »

Et, sans un mot de plus, Belcassem posa à terre la crosse de son fusil, retira du bout du canon le petit papier plié en quatre et le déchira.

Il ne s'en refusa pas moins à signer aucun nouveau réengagement, si bien que ce fut seulement comme volontaire et uniquement pour l'honneur que Belcassem ben Sliman défendit la France jusqu'aux derniers jours de la guerre.

Ce héros eut la chance et j'eus le bonheur qu'aucune balle prussienne ne l'empêchât « d'aller revoir son femme et de retourner à son douar ». Ce ne fut pourtant pas faute de s'exposer. Mais les deux proverbes arabes restent toujours vrais. « De qui n'a pas peur de la mort, la mort a peur. Qui la mort fuit la mort le suit. »

II

Le transport des troupes jusqu'à Dijon s'effectua sans encombres mais non pas sans peines... au pluriel.

Le froid, l'insomnie, l'entassement dans les wagons et dans les fourgons, joints à un trimbalement de soixante-huit heures, nous avaient tous transformés, officiers et soldats, en un bétail humain inerte et inepte, aussi peu capable d'idées que d'action. Je ne souhaite pas au général le plus entraîneur d'hommes d'avoir à lancer sur l'ennemi au saut d'un train les troupes les plus aguerries, et je ne souhaite pas aux troupes les plus aguerries de sauter d'un train pour marcher au feu.

Je faisais ces réflexions pessimistes le 4 janvier au matin en mettant pied à terre un peu en avant de Dijon. J'étais partagé entre la préoccupation et l'espérance d'avoir à en découdre au débotté. Espérance et préoccupation vaines ! La ville avait été évacuée depuis deux jours par l'armée du général de Werder et le XV° corps y entra sans coup férir.

A Dijon, comme à Vierzon, nous fûmes logés chez l'habitant et, bien plus qu'à Vierzon, l'hospitalité fut généreuse et fraternelle.

Les populations du centre nous avaient reçus avec humanité, mais sans enthousiasme et parfois sans désintéressement ; les populations de l'Est nous accueillirent à bras et à cœur ouverts, avec patriotisme et sans calcul. L'esprit militaire est de tradition dans les pays de marche. C'est ainsi que la Picardie, la Bourgogne et la Franche-Comté furent les trois régions françaises où l'envahisseur rencontra le plus de résistance et par malheur c'est là aussi qu'il se livra aux plus odieuses représailles.

Même à cette date la liste était déjà longue des victimes de l'Allemagne qui n'eurent pas toutes le champ de bataille pour champ d'honneur et le nombre en augmenta chaque jour jusqu'à la dernière heure. Tout cela n'avait ni effrayé ni réduit l'âme bourguignonne.

Dans un des faubourgs de Dijon j'ai entendu raconter la seconde bataille de Nuits par un vieux grand-père dont le fils, garde national, avait été grièvement blessé à l'héroïque défense de la gare, organisée par le chef de gare, M. Meignant, et dont le petit-fils combattait sous Paris dans un de ces bataillons de la Côte-d'Or, qui se signalèrent si vigoureusement à Bagneux et à Champigny.

Pas une plainte, pas une réflexion personnelles ne s'échappa de la bouche du vieillard pendant son long récit : ses regrets, ses inquiétudes, son orgueil étaient pour la France.

Les femmes elles-mêmes parlaient de la défense nationale, non pas au point de vue du danger des leurs, mais avec le sentiment du devoir envers la Patrie, avec l'espoir et le désir d'une victoire libératrice.

Seulement pour qu'il y eût victoire, encore fallait-il qu'il y eût bataille.

De longs jours, de nombreuses étapes, des marches interminables se passèrent encore sans rencontre. La mauvaise humeur et l'exaspération commencèrent à me gagner. Je redevenais le zouave grincheux de la corvée nocturne entre Mouzon et Sedan. Je pestais et jurais tout haut. Ce n'était pas pour toutes ces promenades, plus ou moins militaires, sur les routes de France que je m'étais engagé à Châlons et dégagé de Breslau; je n'avais pas choisi mon poste d'officier parmi les Arabes pour ne faire que piétiner avec eux dans une neige sans fin! A quoi bon renouveler nos cartouches si nous ne devions plus renouveler nos coups de feu?

Ces aspirations vers une lutte qui ne venait pas, ces souhaits incessants de combat mille et mille fois ressassés dont je rebattais les oreilles de mes camarades, avaient fini par leur paraître aussi ennuyeux qu'inexplicables.

Sans m'en rien dire, ils en avaient tiré des conclusions mystérieuses et échafaudé sur moi tout un petit roman, dont le principal auteur était le lieutenant de C..., brillant officier, teinté de belles lettres et que son admiration pour de Musset m'avait, de prime abord, rendu sympathique.

Je ne me doutais guère de la légende qui se propageait sur mon compte. L'existence m'en fut révélée à l'improviste un soir de bivouac où, debout autour d'un grand feu, lieutenants et sous-lieutenants s'offraient à eux-mêmes le rarissime et réconfortant régal d'une grande gamelle de vin chaud.

Une poussée de gaîté avait bientôt soulevé toute cette jeunesse. Les joyeux propos, propos de bivouac s'il en fût! s'entrecroisaient et dansaient follement emmy les grandes flammes. Mon tour venu, je ne fis pas le renchéri et payai libéralement mon écot d'anecdotes scabreuses. — On n'est pas pour rien le petit-fils de Pigault Lebrun.

Mon répertoire décaméronien eut un vrai succès.

— A la bonne heure! s'écria le lieutenant de C... Voilà qui vous va mieux que de vous livrer à vos désespoirs d'amour, señor don Paez! »

Et, comme commentaire à ce surnom, il déclama la fameuse tirade du conte d'Espagne :

Amour, fléau du monde, exécrable folie,
Toi qu'un lien si frêle à la volupté lie,
Quand par tant d'autres nœuds tu tiens à la douleur,
Si jamais par les yeux d'une femme sans cœur
Tu peux m'entrer au ventre et m'empoisonner l'âme,
Plutôt que comme un lâche on me voie en souffrir
Ainsi que d'une plaie on arrache une lame,
Je t'en arracherai quand j'en devrais mourir.

La fine et jolie silhouette de Simone, disparue depuis longtemps de ma pensée, y fit une soudaine et rayonnante apparition à laquelle se mêla un instant le profil kalmouk de la petite Stacha. Mais ce fut tout et je ne mentis certes pas quand je protestai n'avoir au cœur aucun amour qui me désespérât.

— A d'autres ! beau ténébreux ! poursuivit de C... Le dégoût de la vie vous obsède ni plus ni moins que Manfred et Child Harold. Vous ne ferez jamais croire à personne que vous ne mourez pas d'envie de vous faire tuer. Votre engagement, tout comme votre évasion, n'est qu'une course au suicide. Ce n'est pas à la bataille que vous aspirez, c'est au tombeau !

La conjecture n'avait en elle-même rien d'offensant, ni dans le fond, ni dans la forme, mais elle était si éloignée de la vérité, si à l'opposé de mon état d'esprit, que je m'en offensai.

Avant même que j'eusse pris le temps de réfléchir à la stupidité de mon incartade, cette violente riposte jaillit de ma bouche :

— Vous en avez menti ! Et si vous êtes curieux d'apprendre combien je tiens à la vie et comment je sais la défendre, je suis prêt à vous le faire voir demain au point du jour.

— Tout de suite, riposta de C..., devenu à mon exemple justement furieux.

— Va pour tout de suite !

Il y eut un brouhaha de surprise et de colère au milieu duquel sonnèrent les phrases les plus malsonnantes. Le combat singulier risquait de débuter par une mêlée.

Le plus ancien lieutenant s'interposa.

— Où diable avez-vous pu voir une injure dans les paroles de C...? me demanda-t-il posément. Cela vous fâche qu'on dise que vous ne craignez pas la mort ?

— Mon cher camarade, autre chose est de braver la mort, autre chose est de la rechercher. Je n'ai, au contraire, jamais tant tenu à l'existence que depuis que ma vie a un but. Ce but, vous le connaissez, vous l'avez vous-même. Et vous ne pouvez pas ne pas penser, vous non plus, qu'un officier qui serait décidé au suicide, comme dit de C..., serait indigne qu'on lui confie le commandement d'un seul soldat ?

— D'accord ! mais vouloir faire illico le coup de sabre avec un camarade parce qu'il vous suppose dégoûté de la vie me paraît un bien mauvais moyen de le persuader du contraire. Croyez-moi, la meilleure preuve que vous puissiez lui donner du prix que vous attachez à votre propre existence et de l'emploi utile que vous en voulez faire, est de tendre tout bonnement la main à notre camarade. Ce geste aura l'avantage de faire tomber du même coup et son jugement sur votre compte et votre démenti à son adresse. Je suis sûr que de C... ne vous en demandera pas davantage et je vous affirme que vous ne pouvez pas faire moins pour lui. Et puis vraiment, ce n'est pas pendant une pareille guerre qu'il faut se chercher des querelles d'Allemand entre Français.

Tous furent d'avis que l'ancien parlait d'or. Le tumulte s'apaisa, je tendis la main à de C... sans dire un mot, mais quand il l'eut serrée entre les deux siennes en une étreinte simple et cordiale, je me hâtai de reconnaître combien j'avais eu tort en lui cherchant, comme avait dit l'autre, une querelle d'Allemand aussi déplacée que mal placée.

Ces excuses furent les premières et sont les seules que j'aie accordées à qui que ce soit, m'étant depuis lors fait une loi de ne pas prononcer une parole agressive dont je ne sois prêt à répondre sur ma vie et de ne rien dire dont j'aie à me dédire.

MM. Emmanuel Arène, Stéphane Pichon

et Georges Clemenceau pourraient, au besoin, l'attester.

III

Durant quatre interminables journées les étapes succédèrent encore aux étapes. Mon désappointement continuait à aller jusqu'à la rage, mais je rongeais mon frein en silence, sans que personne ne fût plus jamais pris pour confident de mes jérémiades.

D'ailleurs deux souvenirs charmants et inoubliables coupèrent la tristesse et la monotonie de cette longue route. Je rencontrai à Mirebeau la bonne vieille du « Bon Gîte » qui avait « son gars soldat comme moi ». J'emportai, de Gray, la Cocarde, « la chère cocarde aux trois couleurs » qui, des cheveux d'ébène de mademoiselle de M., passa à l'intérieur de ma pelisse où elle resta piquée jusqu'à la fin de la campagne.

> *Ah ! la belle et bonne Française !*
> *Le grand cœur et les jolis yeux !*
> *Vous demandez, chers curieux,*
> *Si je l'ai prise, audacieux,*
> *La cocarde de ses cheveux...*
> *Moi la prendre ? qu'à Dieu ne plaise !*

Une autre consolation, toute militaire celle-là, avait contribué à me rendre mon entrain. Le commandant Lanes m'avait annoncé, il m'avait même expliqué, que nous allions débloquer Belfort : « Cela fait, qui sait si une pointe en Allemagne n'inquiètera pas l'envahisseur devenu envahi et ne débloquera pas Paris au moins partiellement ? »

J'en acceptai l'augure avec enthousiasme.

Et pourquoi non ? Forte de 140,000 hommes et de 400 bouches à feu, l'armée de l'Est valait assurément mieux que l'armée du Nord et presque autant que l'armée de la Loire. Des quatre corps d'armée qui la composaient, trois, le XIV°, le XVIII° et le XX° s'étaient déjà vigoureusement battus dans la région et avaient remporté des avantages partiels qui, pour être restés sans résultat, n'avaient pas été sans éclat ; de son côté notre XV° corps, tout en n'étant pas formidablement aguerri, était formé de régiments ayant déjà vu le feu et à qui l'habitude de marcher ensemble donnait, malgré tout, une certaine cohésion. Dans les uns comme dans les autres, un bon tiers des divisionnaires et des brigadiers devaient leurs étoiles à des promotions quasi régulières.

Enfin, qui plus était, notre chef s'appelait Bourbaki !

Telles nous paraissaient être les bonnes raisons sur lesquelles le commandant Lanes et moi appuyions nos espérances. C'était compter sans les mécomptes : le froid et la faim, la fatigue et les maladies, le manque de vivres et de munitions, l'absence de tout plan, de toute initiative, de toute prévision.

En dépit de tant de causes de déroute, et sans parler ni de la bataille de Villersexel qui fut une victoire, ni des engagements successifs sous Héricourt qui furent des succès, il y eut de très honorables, sinon de très heureuses journées de combat pour l'armée de l'Est. La chaude rencontre de Saint-Julien le 12 et l'attaque de Montbéliard le 15 janvier furent de celles-là.

La rencontre de Saint-Julien ne fut, au vrai, qu'une surprise déjouée par une contre-surprise, quelque chose d'analogue, avec réussite en plus, à la petite opération de guerre par laquelle mon frère et moi avions fait nos débuts aux environs de Voncq-sur-Aisne. Seulement, cette fois, l'ennemi était en nombre et sa surprise était une embuscade. Si le coup eût réussi, toute la brigade était coupée de Belfort et rejetée pêle-mêle, toute prête à être ramassée, sur la route par où devait déboucher l'armée de Manteuffel.

Le piège avait été tendu pendant la nuit avec une prudence et un silence qui n'en avaient rien laissé soupçonner. L'ennemi, qui connaissait par expérience l'impéritie de notre semblant de cavalerie et l'incurie traditionnelle de nos avant-postes et de nos avant-gardes, nous attendait de pied ferme, convaincu que nous tomberions tête baissée dans ses filets.

Formant un vaste demi-cercle, abrités et cachés par les talus de la route et mettant à profit les bouquets de bois disséminés çà et là sur la hauteur, les Allemands avaient leur droite appuyée au village de Saint-Julien, leur gauche à celui de Sainte-Marie et leur réserve au centre, massée avec deux batteries d'artillerie derrière le gros bourg d'Arcey.

Ils avaient organisé ainsi un véritable entonnoir où nos têtes de colonne auraient été prises et écrasées entre trois feux.

L'inévitable débandade qui s'en fût suivie serait allée jeter l'épouvante dans tous les corps d'armée, et qui peut dire où se serait alors arrêtée la reculade?

Le patriotisme de deux Français conjura

le désastre. Quelques heures avant le lever du soleil, au péril de leur vie et au risque de ces représailles dont les Prussiens châtiaient ces actes de dévouement, indignement qualifiés par eux d'actes d'espionnage, deux vieux paysans, échappés l'un d'Arcey, l'autre de Saint-Julien, apportèrent au quartier général des détails précis sur le guet-apens qui nous attendait. Vingt minutes après, la brigade Questel était sous les armes. Elle se composait du 4° chasseurs à pied, des mobiles de la Charente et de notre régiment de tirailleurs algériens.

Jamais troupe éveillée en sursaut ne se leva plus alerte et plus résolue.

Il y a dans le fait de jouer un tour à l'ennemi une satisfaction de malice humaine qui multiplie la valeur des soldats, de même que, à l'inverse, la déception de voir son stratagème déjoué abat la confiance d'une troupe et la paralyse. Ici surtout, et pour les deux partis, ce fut le cas.

Notre marche en avant se fit en ligne, autant du moins que le permettaient les obstacles. Elle eut lieu dans l'ordre que je viens d'indiquer, les mobiles au centre. Notre front de bataille, qui était comme la corde de l'arc de cercle formé par les Prussiens, s'allongeait sur leur droite et sur leur gauche de manière à les déborder. Nos instructions étaient comme à Voncq : « Marche rapide, silence absolu, tir à courte distance, attaque finale à la baïonnette ».

L'opération fut si bien conduite, si parfaitement comprise et si bien exécutée, qu'après une ou deux salves à courte distance les baïonnettes furent mises au canon, en sorte que l'attaque finale se trouva être en réalité l'attaque première.

L'ennemi, qui ne s'attendait pas à l'assaut, n'attendit pas les assaillants.

Depuis l'invention de la poudre, si éloquemment déplorée par Don Quichotte, les mêlées sont rares où l'arme blanche devient l'arme rouge. Il est de tradition militaire que la baïonnette fait peur même avant de faire mal et qu'elle met en fuite sans mettre à mort.

Je dois cependant reconnaître que, pour prompte qu'elle fût, la retraite des Allemands s'effectua en bon ordre, en ordre d'autant meilleur que défense nous avait été faite de les poursuivre. J'ajoute que sur plus d'un point la résistance fut plus ferme ou, si vous l'aimez mieux, moins fugitive. Il y eut même entre Saint-Julien et Arcey certain petit bois dont les défenseurs disputèrent le terrain pied à pied. C'est à l'orée de ce petit bois que je vis brusquement se dresser devant moi un fantassin prussien qui m'ajusta presque à bout portant. Mais avant que le coup ne fût parti, une bourrade dans le dos m'avait jeté par terre et un autre coup de feu, tiré derrière moi, avait abattu l'homme à mon côté. Quand je me relevai, je me trouvai face à face avec un grand négro de ma compagnie nommé Barca ben Abdallah qui riait à belles dents : « Perdonne, ma lieutenant, si moi frapper toi, mais si moi pas frapper toi, toi mouru. »

En tout, le petit combat de Saint-Julien n'avait pas duré deux heures, il ne nous avait pas coûté plus de vingt hommes et la route de Belfort restait libre.

IV

L'esprit de corps est un élément de force morale qu'il ne faut ni détruire ni dédaigner. Il n'est pas indifférent qu'un soldat, et même un officier, s'imagine que le corps d'armée auquel appartient sa division, la division de son corps d'armée, la brigade de sa division, son régiment, sa compagnie, sa section, demi-section ou escouade sont de tout point supérieurs aux autres compagnies, régiments, divisions et corps d'armée. Cette illusion fait meilleurs officiers et soldats, sans rendre leurs voisins plus mauvais. J'avouerai donc sans vergogne que, sans étendre mon admiration jusqu'à notre corps d'armée ni même jusqu'à notre division, dont les contingents m'étaient fort peu connus, je ne doutais pas que notre brigade ne fût un assemblage des meilleures troupes de l'armée de l'Est; je considérais également notre régiment de tirailleurs comme sans égal; je classais aussitôt après lui et non moins hors de pair le 4ᵉ bataillon de chasseurs à pied, et la garde mobile de la Charente, elle-même, m'apparaissait comme composée de moblots exceptionnellement militarisés.

Pour ce qui est de cette dernière appréciation, je mentirais si je n'avouais pas que mon esprit de corps était incontestablement doublé d'esprit de région. Je suis Charentais d'origine, quoique Parisien de naissance et d'existence.

Au reste, le bel entrain avec lequel toutes

ces diverses troupes, y compris les Charentais, venaient de marcher au feu et sous le feu, n'était pas pour me faire rien rabattre de mon très favorable jugement sur mes frères d'armes.

Maintenant, encore, en y repensant à distance, j'ai peine à croire que la partialité dont je m'accuse ne soit pas tout simplement de l'équité.

N'étaient-ce pas de très brillants officiers que le commandant Becquet, ce jeune et intrépide chef de bataillon du 4ᵉ chasseurs, et que son très expérimenté adjudant-major, le capitaine Lallemand, fin soldat, toujours de bonne humeur, toujours en activité de cervelle et, — ce dont il ne faut pas faire fi, — de tenue toujours soignée même dans nos temps de pire misère.

On connaît l'anecdote de Stendhal, qui s'appelait alors Henri Beyle, et servait de secrétaire au comte Daru pendant la désastreuse campagne de Russie.

La retraite n'était déjà plus une retraite, mais une déroute accablée, la fuite lourde et lente d'hommes sans forces, sans vivres et presque sans vie. La grande Armée était devenue cette immense légion de spectres si tragiquement décrite par de Ségur, et si puissamment évoquée par Hugo :

> *Il neigeait. On était vaincu par sa conquête.*
> *Pour la première fois, l'Aigle baissait la tête.*
> *Sombres jours !...*

Un matin, Beyle vient prendre les ordres du comte Daru, les vêtements brossés, les cheveux peignés, la barbe soigneusement faite. M. Daru le regarde avec surprise et, hochant la tête, il lui décerne cet éloge qui n'est que juste sous son apparence excessive; « Vous vous êtes rasé, vous, monsieur Beyle! Vous êtes un homme de cœur. »

Le même éloge eût difficilement pu s'appliquer pour le même motif à mes malheureux moblots charentais. Mais, si la tenue était plus que négligée, si la lassitude éclaircissait parfois les rangs, si l'exaspération contre la souffrance se traduisit à de certaines heures par des actes et par des cris d'indiscipline et de mutinerie, le cœur réapparaissait aux jours de combat, et j'affirme, sans crainte de démenti, qu'aussi longtemps que tout espoir de vaincre ne fut pas perdu, leur volonté se releva toujours pour faire face au devoir et au danger.

Il est vrai qu'ils avaient à leur tête une véritable élite angoumoisine, les de Marcellus, les Dumoulin, les Chaloupin, les Darnal, les Hennessy, qui avaient toutes les vaillances et toutes les valeurs.

Quant à notre régiment de tirailleurs algériens, je ne crois ni trop dire, ni trop penser en attestant qu'il ne lui a manqué qu'une occasion pour donner un glorieux pendant aux exploits des turcos de Wissembourg et de Reichshoffen.

Les trois quarts des officiers du cadre français avaient tous servi en Algérie, et une bonne moitié d'entre eux dans les turcos. Leur autorité sur leurs hommes était sans limite et sans conteste, et si, tout comme leurs Arabes, ils avaient une belle ignorance de la peur, ils avaient de plus qu'eux une sérieuse connaissance du métier de la guerre.

Malheureusement ni ces connaissances ni ces valeurs n'ont été efficacement mises en œuvre en aucune bataille digne de ce nom. Mais que de gens braves et que de braves gens!

Je citerai, parmi les meilleurs, le lieutenant-colonel Lemoing qui avait succédé au colonel Capdepont dans le commandement du régiment, esprit calme et résolu, cœur généreux et cervelle claire, comme disait Bourbaki ; les capitaines Fargues et Kermaker, vieux routiers d'Afrique, pleins d'expérience et de décision ; le lieutenant de Sémelé, brave comme le plus brave de ses Kabyles, d'un caractère du diable, par exemple, mais d'une énergie encore plus endiablée ; le lieutenant de ma compagnie, un bon et robuste Flamand nommé Bailleul, de trempe vigoureuse et d'humeur allègre, se moquant un peu de tout, même de la fatigue, même des balles, mais non pas de la faim ni de la soif ; le sous-lieutenant Richomme, dont l'aspect timide cachait une solidité à toute épreuve ; enfin, se rapprochant beaucoup du commandant Lanes par ses qualités et par ses dons de véritable chef, le capitaine adjudant-major Le Lorrain, qui a été, jusqu'à l'an dernier, un de nos plus excellents commandants d'armée.

En fouillant dans ma mémoire, j'y retrouve encore, à côté de la belle et intelligente figure du docteur Ferron, si savant et si charmant, si cordial et si brave, le type très grinchu mais très crâne du capitaine Comte, à qui ses préventions contre moi ne doivent pas m'empêcher de rendre justice. J'y retrouve aussi, j'y retrouve surtout, le groupe admirable de mes sous-officiers français. Valaient-ils mieux, valaient-ils moins que les sous-officiers des autres compagnies? J'ai eu trop peu de contact avec ceux-ci pour en décider; mais, ce que je sais par expérience, c'est que ceux-là valaient beaucoup.

Si je place en tête le sergent-major Béchery, ce n'est pas seulement en raison de son grade; Béchery était réellement un sous-officier incomparable, connaissant à fond son métier, ne reculant devant aucune corvée ni aucun péril; ne ménageant pas plus sa peine pour établir un campement que sa peau pour enlever une position; très ferme et très bon, il était tout à la fois très craint et très aimé des Arabes. Quand il eut compris mon désir de remplir exactement mes devoirs d'officier, les moindres comme les plus grands, il m'initia peu à peu, et sans en avoir l'air, aux mille détails si complexes, si variés et si variables, dont se compose le service en campagne.

J'appris de lui à être un bon officier de distributions, c'est-à-dire à ne me laisser tromper ni sur la quantité ni sur la qualité de la viande ou du pain, du vin ou du café.

Il m'a fait comprendre que l'officier subalterne, l'officier jeune surtout, doit partager le sort de ses soldats, bivouaquer quand ils bivouaquent et ne pas aller s'étendre dans un lit et sous un toit lorsque sa compagnie couche sur la dure et dort en plein air. Je lui dois également la notion que, dès l'arrivée à l'étape, mon premier soin devait être de m'assurer par moi-même et de faire savoir aux hommes où se trouvaient l'eau potable et le bois sec, toutes connaissances militaires peu relevées, à coup sûr, mais non pas vaines et qui donnent autant de confiance aux soldats que d'influence à l'officier.

Il y a et il faut qu'il y ait du père de famille dans un chef et ce n'est pas uniquement les jours de bataille que l'on doit aimer ses enfants. Dans mon éducation militaire, Béchery avait pour professeur adjoint, ès questions de ravitaillement, le caporal-fourrier Got, petit bonhomme trapu et rubicond qui se vantait, non sans raison, « de la connaître dans les coins » quand il s'agissait de dénicher des vivres.

Les trois autres sous-officiers, dont j'ai également gardé bon souvenir, s'appelaient : le premier, Beauménil, grand garçon de vingt ans, taillé en hercule, qui, surchargé du sac le plus haut et le plus lourd de la compagnie, n'en avait pas moins du vif-argent dans les jambes pour courir sus aux Prussiens; le second sergent, d'un tout autre genre mais d'une valeur non moindre, s'appelait Nureiter. Il passait son temps à déblatérer contre les horreurs de la guerre, tout en se battant comme un lion et en abattant son Prussien à chaque coup de feu. C'est lui qui me disait en pleine fusillade, avec un mélange surprenant de compassion et de vanité : « Est-ce que ce n'est pas affreux? Tous ceux que je couche en joue je les couche par terre ! » Et, joignant l'acte à la parole, il visait le plus tranquillement et le plus habilement du monde, après quoi je l'entendais murmurer tout en rechargeant son arme implacable : « Il y est ! Mais je vous demande un peu pourquoi je l'ai tué ? Oh ! la guerre ! la guerre ! »

Et quand je lui expliquais au bivouac du soir qu'il avait tué pour n'être pas tué; que nous faisions la guerre pour défendre la France et que le jour où nous ne voudrions plus nous battre pour notre Nation, elle serait la proie des nations voisines, le paradoxal héros me répondait : « Pourquoi y a-t-il des nations voisines ? pourquoi les nations voisines ont-elles des soldats ? Croyez-moi, mon lieutenant, le jour où le genre humain ne formera plus qu'une seule et unique Nation, il n'y aura plus d'armée.

— Soit! mais en attendant ce jour-là?

— Ah! dame, en attendant ce jour-là, vous le voyez, je nettoie la culasse de mon chassepot et j'en change l'aiguille. »

Je ne lui en demandais pas davantage.

Bien différente était l'humeur du sergent Fleury: « Se battre contre n'importe qui, pour n'importe quoi, n'importe où, mais se battre! »

Promu adjudant entre Dijon et Gray, Fleury avait argué de l'impossibilité où il se trouvait de se procurer un sabre et un ceinturon, pour obtenir la permission de garder son fusil et sa giberne avec le droit de s'en servir et il s'en servait fort bien; moins bien que Nureiter, mais sans regret ni remords, et parfois même sans pitié.

Tel était, renforcé par quatre sous-officiers indigènes, le cadre qui enserrait, dans la première du deuxième, 75 Arabes dont Belcassem ben Sliman, une demi-douzaine de géants noirs, dont Barca ben Abdallah et onze Français.

Que n'aurait-on pas osé! que n'aurait-on pas fait avec de pareils hommes!

V

L'éloge très sincère et, à mon avis, très justifié que je fais ici de la brigade où j'ai servi, redescend naturellement des chefs de régiment ou de bataillon jusqu'aux soldats, mais il ne remonte pas.

Il en serait sans doute de même pour les autres brigades si j'en parlais, de même pour les autres divisions, à peu près de même pour tout le haut commandement de l'armée de l'Est, le général Cremer et le général Billot, le général Seré de Rivière et le général Clinchamp mis à part.

A Dieu ne plaise que je reprenne pour mon compte, et que j'émette à mon tour l'injurieux adage affirmant que l'héroïsme des uns a été mal conduit par l'ineptie des autres.

Ni mes louanges ni mes reproches ne vont jusque-là.

A l'armée de l'Est, il n'y avait ni lions, ni ânes ou plutôt, si! il y avait un vieux lion plein de courage personnel, encore doué de toutes les vertus militaires, hormis d'une seule : la décision.

C'est lui, l'ardent colonel des guerres de Crimée et d'Italie, qui répondit au commandant Brugère, partisan réfléchi et convaincu de la nécessité d'une offensive rapide et incessante : « A votre âge, oui ! j'aurais pensé comme vous. Mais ma responsabilité est trop grande. » Et l'ancien héros s'écriait tristement : « Les généraux devraient avoir votre âge ! »

Cet aveu d'impuissance du général Bourbaki aurait pu être sur bien des lèvres, il était au fond de bien des consciences.

Quant aux pauvres petits soldats de nos troupes improvisées, leur improvisation même est leur excuse. Ils n'en faisaient pas moins très suffisamment leur devoir au feu ; c'est leur devoir en route qu'ils ne savaient pas faire.

Leurs mutineries et leurs menaces de se débander n'éclatèrent jamais devant l'ennemi, mais au cours d'une étape trop longue ou trop pénible, au milieu de bivouacs sans vivres ou sans feu.

L'endurance leur fit défaut beaucoup plus que l'entrain. Ils manquaient forcément d'esprit militaire non d'esprit patriotique.

Qui pouvait exiger, qui pouvait même

espérer de ces recrues d'un jour la constance et l'énergie que la France était en droit d'attendre de ses soldats de métier?

En mon âme et conscience, j'ai plus de respect et plus de gratitude pour nos malheureuses armées de la défense nationale que pour l'armée de Sedan.

Ce n'est pas pour obscurcir obstinément un passé déjà trop sombre que je reviens une fois de plus sur la déroute de l'armée du Rhin, c'est pour éclairer l'avenir.

Je l'ai dit et je le répète : je ne crois pas juste, je ne crois pas sage, je crois même pernicieux et imprudent d'affirmer que c'est après nous être admirablement battus que nous avons été effroyablement défaits.

En outre, il n'est pas de procédé historique plus indigne d'une grande nation que de se complaire à faire porter sur un seul les fautes de plusieurs.

L'Empereur n'a pas signé, il n'a fait que contresigner une capitulation acceptée, consentie, souhaitée, dans le fond des cœurs, par une majorité de combattants qui n'avaient guère combattu et qui ne se souciaient que fort peu de combattre encore.

C'est le cynisme des baïonnettes intelligentes se refusant au sacrifice, aimant mieux la vie que l'honneur et se réfugiant pêle-mêle derrière les murs de Sedan; c'est la débandade éhontée des humanitaristes — humains surtout pour eux-mêmes — qui a tout livré.

J'admire la suprême protestation et l'appel désespéré du général de Wimpffen s'essayant à reconstituer des régiments avec des fuyards déjà abrités et les adjurant de recommencer la bataille. J'ai lu avec une émotion poignante le beau livre d'Alfred Duquet, concluant à la possibilité de la victoire même après la déroute, mais je ne suis d'accord, ni avec Alfred Duquet, ni avec le général de Wimpffen, sur les motifs qu'ils invoquent l'un et l'autre à l'appui de leurs espérances.

Théoriquement, oui ils ont raison, oui numériquement, oui stratégiquement, mais moralement non, cent fois non !

« *La force morale constitue la force vitale d'une armée!* » et cette force vitale manquait à l'armée de Sedan.

L'axiome tour à tour répété par tous les grands capitaines est plus ancien que Napoléon, plus ancien que Turenne, plus que Henri IV et que Gaston de Foix, que

Jeanne d'Arc et que Du Guesclin, que César et que Scipion, qu'Épaminondas et que Miltiade. Il date de la première guerre et il eut la première victoire pour démonstration.

Si les Allemands ont fait, malgré tout, l'éloge des troupes françaises à Sedan, c'est que leur amour-propre y trouvait son compte. Par malheur, nos ennemis n'ont pas eu besoin d'être des héros pour être nos vainqueurs ; il leur a suffi d'être des soldats obéissants, et de marcher en ordre contre des soldats insoumis et désordonnés ; il leur a suffi d'être des patriotes aimant l'Allemagne à une heure où les cosmopolites nous avaient savamment appris à préférer la Patrie des autres.

La stratégie et la tactique du maréchal de Moltke, tout comme la méthodique administration du général de Roon ont eu moins d'influence sur les destinées de la France que les longues menées du chancelier de fer, si utilement servi par ses alliés de l'intérieur.

Nos empoisonneurs d'esprit public, nos crieurs de « Vive la paix » et nos rédacteurs d'articles contre l'armée et contre la guerre ont bien autrement contribué à la défaite de la France que les fautes du commandement et que l'incapacité des généraux.

Quelle main surhumaine serait jamais parvenue à coudre ensemble ces lambeaux de toile qui n'étaient déjà plus que de la charpie !

Il faut se rappeler les dix-huit mois de propagande antimilitariste qui précédèrent et suivirent les élections de 1869. On ne dénigrait pas seulement les officiers, on les ridiculisait, on n'osait pas encore outrager le drapeau, mais on traînait dans la boue ses défenseurs. A côté de l'indiscipline par révolte, on avait inventé et on enseignait l'indiscipline par mépris. Un en-tête spécial étiquetait à la première page des journaux toute cette distillerie de poisons. Sans parler de l'ingénieuse série des sous-titres : « Nos bons soudards », « Brutes galonnées », « Les sbires », — qui ne se souvient de la fameuse rubrique : « Les gaietés du sabre » ? — Hélas ! ce sont ces gaietés-là qui nous ont conduits aux lamentables tristesses des « sauve-qui-peut » et aux hontes ineffaçables de l'invasion.

Eh ! oui, parbleu ! même dans la désastreuse journée du 1er septembre 1870, qui marqua l'apogée de notre honte et le déclin de notre grandeur militaire, il y eut çà et là des poignées de héros, il y eut même d'héroïques régiments, d'admirables brigades, tout un corps d'armée incomparable; mais la sublime énergie de ceux-ci ne doit pas faire oublier l'inqualifiable pusillanimité des autres.

Qu'il y ait eu des faits d'armes et des actes de courage, d'autant plus dignes d'admiration et de reconnaissance qu'ils ont surgi et se dressent encore dans le lointain de l'histoire comme des cimes isolées au milieu de l'universelle dépression, personne ne le conteste et moi moins que personne.

Les efforts surhumains de presque toute l'armée de Reichshoffen, la course à la mort des cuirassiers du colonel Contanson au soir de Mouzon, l'interminable combat de Bazeilles, la ténacité du corps Lebrun luttant pied à pied pendant deux jours! les charges prodigieuses des généraux Margueritte et de Galliffet sur le calvaire d'Illy! quels épisodes superbes! Plus que consolants, réconfortants! plus qu'honorables, glorieux!

Mais qui dit épisodes dit exception. Si c'eût été la règle, c'était la victoire.

La vérité est qu'une grande partie des troupes de la seconde armée du Rhin a très mal donné et qu'une partie n'a même pas donné du tout à la bataille de Sedan.

Le chiffre des pertes ne prouve rien, sinon l'habileté du tir prussien. C'est beaucoup plus en cédant devant l'ennemi qu'en lui courant sus ou qu'en lui tenant tête que 17,000 des nôtres ont trouvé la mort.

La balle dans le dos tue aussi bien qu'au ventre.

Une offensive résolue et une vigoureuse marche en avant ne nous eussent pas coûté davantage; elles ont beaucoup moins coûté aux Allemands.

Mes regrets émus, ma piété filiale et fraternelle pour ceux qui sont bien morts et ma profonde admiration pour ceux qui se sont bien conduits, ne sauraient arrêter sur mes lèvres les reproches que je profère, à contre-cœur, mais non sans beaucoup de raisons, contre ceux qui se sont mal montrés.

A ceux-là mêmes, d'ailleurs, j'accorde aussi une excuse : leur semi-défection a pour circonstances atténuantes la corruption de l'âme nationale par les propagandistes de l'humanitairerie, secondés sinon devancés dans leur œuvre de perdition, par les meneurs de toutes les oppositions de droite et de gauche.

« Guerre à l'Empire! Plus de dynastie! »

avaient crié les uns; « Guerre à la guerre ! Plus de patrie ! » criaient les autres.

Ces mots d'ordre fournissaient un prétexte philosophique au plus bestial des instincts de l'homme : la conservation de sa peau.

Une première preuve m'en fut donnée dans la matinée du 1ᵒʳ septembre, alors que notre compagnie descendait vers la Meuse. J'avais aperçu, couché dans un fossé boueux, face contre terre et son fusil gisant à ses côtés, un soldat qui tremblait de tous ses membres.

— Qu'est-ce que tu as? lui criai-je en passant près de lui.

— Rien ! je n'ai rien ! me répondit-il d'une voix étranglée.

— Alors, qu'est-ce que tu fais là, pourceau?

Et le pourceau me répondit, sans sortir son groin de la fange : « Je ne me bats pas pour une cause dynastique. »

C'est le même homme, ou, si ce n'est lui, c'est donc son frère ou quelqu'un des siens, que j'ai entendu crier à l'armée de l'Est : « Je ne me bats pas pour M. Gambetta. » Et ce sera lui encore qui nous criera demain, à la frontière des Vosges : « Je ne me bats pas pour le stupide préjugé de la patrie ! » Ils sont, grâce à Dieu, si peu nombreux, les Français qui ont l'audace de leur lâcheté.

Sans les articles de certains journaux, sans les prédications de certains rhéteurs, l'excuse dont ils ont besoin leur manquerait, et faute d'une théorie à jeter comme explication de leur refus de marcher au feu, qui sait si eux aussi n'auraient pas peur d'avoir peur ? Rien ne prouve qu'ils ne se ressaisiraient pas et ne feraient pas, tant bien que mal, d'abord, puis bientôt de mieux en mieux, leur devoir de soldat et de citoyen.

C'est encore un restant d'honneur que d'essayer de motiver sa faiblesse. Les agents de désagrégation nationale savent ce qu'ils font quand ils philosophent contre la guerre. Ils n'osent pas préconiser directement la couardise, ils n'osent pas parler tout haut de la conservation de soi-même, ils se contentent de nier la Patrie, de célébrer la Fraternité des Peuples et d'enseigner la désertion morale. Le plus fort est fait, ils pourraient au besoin se passer de conseiller la désertion matérielle.

Elle est pourtant du philanthrope Turgot, cette affirmation sagement belliqueuse : « Les guerres sont nécessaires à la civilisation, car ce sont elles qui forment les grandes nations ou qui les maintiennent. »

Seulement, Turgot se préoccupait du maintien de sa nation et les internationalistes n'ont cure que des nations étrangères et par préférence des nations ennemies.

VI

Moitié agenda, moitié mémorandum, il en est de ces *Nouvelles Feuilles de Route* comme des premières; elles sont bien moins un livre qu'un recueil de souvenirs et de pensées. J'y note à la volée tous les épisodes de ma vie de soldat. Je m'efforce d'y conserver, autant que possible, l'ordre des faits; mais, pour les réflexions, qu'elles viennent ou non à leur date, qu'elles soient ou non à leur place, je les laisse tomber de ma plume au fur et à mesure qu'elles se présentent à mon esprit. Il existe en moi, je m'en rends compte, une préoccupation constante, celle d'être utile, dont la hantise m'entraîne à des redites. J'en suis fâché pour le lecteur, mais je ne saurais m'en passer pour mon livre.

A quoi bon mettre tant de noir sur du blanc, si c'est uniquement pour retracer mon image matérielle? C'est le portrait de mes idées que j'ai voulu faire, et comment ne dessinerais-je pas, d'un trait plus marqué, celles qui sont la raison d'être de toute ma conduite et l'unique motif de mes trente-six ans de volontariat!

La seule règle que je me suis donnée et dont je ne crois pas m'être départi, c'est de ne parler que de ce que j'ai vu et entendu pendant la campagne, non de ce que j'ai su ou lu depuis la paix.

Beaucoup d'autres régiments, beaucoup d'autres officiers et des milliers de soldats ont aussi bien et mieux servi la France, en ont autant et plus fait que ceux que je cite; je l'ai appris et je le sais aujourd'hui, mais je ne le savais pas alors.

Or, ce que je retrace en toute sincérité, c'est ma vie de soldat telle que je la vivais; mes pensées telles que je les avais; mes jugements tels que je les portais; mes étapes telles que je les ai parcourues, du mois de juillet 70 au mois de mars 71.

Il peut y avoir des erreurs dans ces pages,

il y aura assurément des oublis, mais non pas des éloges, ni des accusations de parti pris ou de mauvaise foi.

Il y aura aussi des lacunes voulues. La vraie justice comporte une part de charité; et j'ai cru charitable et juste de passer sous silence certains noms et certains faits.

De quel droit et dans quel but me montrer implacable pour d'humbles compagnons de combat et de misère dont les va-et-vient de défaillances ont presque toujours été suivis de retour de courage et de dévouement? On a tant souffert pendant cette cruelle campagne de l'Est! Combien étaient prêts à verser leur sang un jour de bataille, qui n'étaient pas préparés à subir la longue épreuve d'une campagne d'hiver, et de quel hiver!

Ce que la défense nationale a eu d'admirable, ce n'est pas la façon dont on s'est battu, c'est la façon dont on est venu se battre.

Dans son livre de la « Nation armée » le général prussien von der Goltz rend hommage à Gambetta pour l'extraordinaire improvisation de ses levées de soldats, et il rend justice à la France pour la prolongation miraculeuse d'une lutte disproportionnée.

Pour qui l'a vu de près, le miracle est encore plus grand que ne se l'est imaginé le général von der Goltz. Les défaillances intermittentes de nos pauvres milices à peine exercées, à peine encadrées, n'étaient rien à côté du découragement continuel et du désarroi profond où en étaient arrivés certains chefs.

VII

Après avoir fait la grand'halte et mangé un semblant de soupe sur les positions conquises le matin du 13 janvier, le XV° corps avait continué sa route sur Belfort.

Le commandant Lanes, qui était resté mon oracle et aux lumières de qui j'aimais à m'éclairer l'esprit et à me réchauffer le cœur, m'expliqua que notre marche en avant n'irait pas sans détours. Nous ne pouvions pas nous porter au secours de la place assiégée avant d'avoir livré quelque grande bataille. Son hypothèse, logique et d'ailleurs exacte, était que l'ennemi avait dû concentrer ses forces autour d'Héricourt et de Montbéliard. Ces deux villes et leurs approches seraient, sans doute, mises en état de défense et nous nous heurterions là, selon lui, à de forts contingents de l'armée de Werder que le commandant chiffrait à environ 50.000 hommes. Il concluait que, si l'ardeur dont nos troupes venaient de faire preuve à Willersexel et à Arcey pouvait se maintenir, il ne doutait pas de la victoire.

Mais ce dont ne doutait pas mon cher commandant, combien de généraux en doutaient! Loin d'avoir été enhardis par les avantages remportés les jours précédents, ils semblaient soucieux avant tout de ne pas risquer d'en compromettre l'heureux effet. Leur responsabilité en cas d'échec les inquiétait au point de paralyser leur volonté d'agir.

Il en est même qu'elle affola.

La marche qui eût dû être rapide et précipitée fut lente, pleine d'à-coups et de tâtonnements. La bataille qui eût dû être livrée le 14 janvier ne le fut que le 15 et encore dans quelles conditions! Après combien de tergiversations, d'hésitations et de changements!

Du 14 au 15, la 1re division du XVe corps, — pour continuer à ne parler que de ce j'ai vu, — avait passé la nuit sur la hauteur boisée qui domine Montbéliard. Bivouac plus que pénible! par un froid de 20 degrés sur une couche de neige durcie, sous des arbres couverts de givre, sans un morceau de bois sec à mettre au feu, sans une bouchée de pain ni une gorgée de café à se mettre dans l'estomac.

La proximité de l'ennemi et le souvenir des succès de l'avant-veille tenaient, malgré tout, en haleine ces troupes si rudement éprouvées. Que l'ardeur sur laquelle comptait le commandant Lanes fût diminuée, cela n'est pas douteux; le prodigieux est qu'elle n'était pas éteinte. Les événements de la journée en furent la preuve. Ce qui avait disparu, surtout dans les hauts grades, c'était l'espoir de vaincre et, avec lui, le désir de livrer combat.

Il faut admettre, pour être juste, que le spectacle de tous ces visages de misère et d'insomnie était plutôt fait pour abattre que pour exciter la confiance. Peut-être aussi que, selon l'aveu même de Bourbaki, l'âge des grands chefs ajoutait quelque chose à leur manque de foi dans le courage des autres, et aussi peut-être leur souffrance personnelle.

Quoi qu'il en soit, le 15 janvier, au matin, notre division, en meilleur ordre et en meilleur état qu'on n'eût pu l'espérer, était rangée en bataille sur la lisière de la forêt de Montbéliard. Vers les sept heures, l'inspection d'armes avait été passée et on n'attendait plus que les ordres et la venue de notre général de division.

Il n'arrivait pas.

Ce qui arriva, ce fut l'avis officiel que le général de division X... était devenu fou au moment de monter à cheval et, qu'en conséquence, il serait remplacé à la tête de sa division par le seul présent des deux brigadiers, le général Y... lequel déléguerait le commandement de sa brigade au colonel Lemoing comme au plus ancien, lequel à son tour déléguerait, au même titre, au commandant Lanes le commandement du régiment.

Cette triple mutation survenant à pareille heure impressionna assez mal le corps d'officiers. Mais, après tout, la folie ne choisit pas son temps !

On prit son parti de toute cette série de substitutions imprévues et l'on se remit à attendre et les ordres et la venue du remplaçant divisionnaire.

Il n'arriva pas non plus, mais, oui bien, cet autre avis non moins officiel : « Au moment de prendre le commandement de la division, le général de brigade Y... s'en trouve empêché par raison de santé. En conséquence, le colonel Lemoing prendra le commandement de la division et le commandant Lanes celui de la brigade. » La raison de santé était, paraît-il, une sciatique.

— « Par ma foi ! qu'ils aient perdu la tête ou les jambes, j'ai idée que ce n'est pas une grande perte, » s'écria Béchery, qui venait d'apprendre ce nouveau changement de main, et il ajouta sans que je le contredise : « Notre colonel et notre commandant n'en seront que plus libres pour bien faire. »

Il était huit heures. Nous occupions dans la forêt un point culminant, le plateau de Sainte-Suzanne. En face, sur la crête opposée, que ne garnissait aucun arbre et qui s'étendait presque en droite ligne de l'autre côté d'un vallon large et profond, on distinguait nettement une longue rangée de casques à pointe échelonnés d'espace en espace derrière de petits talus, tandis qu'au centre un groupe plus nombreux était retranché dans une sorte d'enclos aux murs bas.

Quant à la ville même de Montbéliard, cachée aux regards par sa ceinture de coteaux, nous n'en connaissions les défenses que grâce aux renseignements apportés la nuit précédente par de bons patriotes non moins vaillants et non moins dévoués que les paysans d'Arcey et de Saint-Julien.

L'ancien château-fort, avec ses deux grosses tours, avait été mis en état de soutenir un siège; il était gardé par un demi-bataillon d'environ 300 hommes et quatre pièces de 24 avaient é é hissées sur la plate-forme. Deux régiments d'infanterie occupaient la ville et les faubourgs ; sur la grand'place, une barricade quadrangulaire formait une sorte de réduit central et commandait l'accès des rues avoisinantes.

Les vignobles, qui dévalaient en pentes rapides jusque sur les bords du canal du Rhône au Rhin, avaient été garnis d'un inextricable réseau de fils de fer, et dix batteries avaient commencé leur travail d'installation autour de la ville.

Le colonel Lemoing et le commandant Lanes réunirent les chefs de corps placés sous leurs ordres et arrêtèrent avec eux leurs dispositions de combat. Deux bataillons de la mobile de la Charente descendraient à travers bois, longeraient le canal et attaqueraient la ville par la droite. Ils seraient éclairés et appuyés par une compagnie de tirailleurs commandés par le lieutenant de Sémelé.

Deux autres compagnies de tirailleurs auraient pour mission de s'emparer du plateau et de dégager, sur la gauche, l'accès de Monbéliard. La réserve de la brigade, placée au centre, attendrait dans la forêt le résultat des deux attaques pour suivre le mouvement, entrer dans la ville et donner l'assaut au château.

Cette réserve se composait du régiment de tirailleurs, moins les trois compagnies détachées, du 4° bataillon de chasseurs et du 3° bataillon charentais, auxquels devraient s'adjoindre, aussitôt arrivées, trois batteries d'artillerie divisionnaires. Quant à la seconde brigade, elle ne servirait de renfort qu'en cas d'échec et elle devait, en cas de succès, se diriger tout droit sur Belfort.

Tel était le plan projeté. Ce n'était assurément pas la grande bataille décisive de mes rêves, mais ce serait, ce devait être et je ne doutais pas que ce ne fût une belle bataille rangée.

Une seule anxiété m'étreignait le cœur. Quelles allaient être les deux compagnies qui auraient à s'emparer du plateau? Et de ces deux compagnies, laquelle aurait l'honneur de marcher à l'avant-garde? Soit sous l'inspiration de mon cher commandant, soit sur sa propre initiative, le colonel Lemoing me tira bientôt d'incertitude.

Les deux compagnies qu'il désigna d'abord furent celles du capitaine Mustapha et la mienne. Après quoi, se tournant vers moi : « La compagnie du capitaine Mustapha vous servira de soutien. C'est vous qui allez me balayer ce plateau. Vous vouliez donner, donnez ! »

Ah! que oui! j'allais donner, et à cœur joie !

VIII

Mon capitaine, promu commandant, nous avait quitté depuis Dijon; mon lieutenant avait été détaché, l'avant-veille, pour un service de ravitaillement; il n'y avait plus d'autre officier français que moi à la tête de mes turcos, et cette fonction de commandant de compagnie que j'avais refusé d'accepter en titre des mains de Gambetta, les circonstances m'en avaient investi en fait depuis deux jours. Je n'étais pas pour m'en plaindre.

Dès que j'avais reçu l'ordre tant espéré et si inespéré d'aller de l'avant, j'avais fait former le cercle à mes sous-officiers français et indigènes ainsi qu'à mes deux officiers arabes, le lieutenant Ben Sadeck et le sous-lieutenant Ahmed ould Mohammed. Je leur désignai la position à enlever, « à balayer » comme venait de dire le colonel, et leur expliquai brièvement que l'enclos qui se trouvait au centre du plateau étant le point le plus fortement occupé, c'était là que le balai rencontrerait le plus de résistance et de là que les balayeurs recevraient le plus de coups de torchons. En conséquence, la meilleure tactique était : 1° de garder pour la fin l'attaque de ce petit fortin; 2° de ne pas nous avancer sous son feu direct; 3° de laisser vide l'espace compris dans cette zone particulièrement dangereuse.

Notre chaîne de tirailleurs devrait donc être coupée en deux. Une moitié commencerait par déloger l'ennemi à l'extrême gauche, l'autre moitié en ferait autant à l'extrême droite, et, cette première opération accomplie, les deux tronçons se précipiteraient simultanément sur l'enclos dont les défenseurs n'attendraient sans doute pas d'être pincés entre les branches de notre tenaille pour lâcher pied.

— « Mektoub ! » dit allègrement le vieux

Ben Sadeck. Je le chargeai de traduire mes instructions à nos Arabes et d'y joindre la consigne suivante : « Pas un coup de fusil avant d'être là-haut. Laissez tirer et ne tirez pas ; c'est plus que du temps perdu, c'est du danger prolongé. Vous êtes braves, vous êtes lestes, il faut courir à toutes jambes par bonds successifs, ne pas répondre aux balles lointaines par des balles perdues et ne faire feu qu'à brûle figure. Vous verrez que, cette fois, le Mahomet des Français sera content. »

Je recommandai également à tous mes hommes de bien marcher en ligne et de s'attendre les uns les autres afin de ne pas arriver isolés. Après quoi, confiant à Ben Sadeck et à Béchery le commandement de la section de gauche, je pris celui de la section de droite avec le sous-lieutenant Ahmed ould Mohammed, et je poussai à pleins poumons le cri arabe que j'avais depuis si longtemps et si vainement appris par cœur : « Amschoul gouddem ! En avant ! »

A quatre ou cinq coups de feu près, que ne purent s'empêcher de tirer quelques-uns de ces amants passionnés de la poudre, la manœuvre fut exécutée comme je l'avais indiquée, et mes prévisions se réalisèrent de point en point. Les défenseurs de la crête, surpris par notre allure rapide et silencieuse, n'attendirent pas la fusillade à bout portant, ni le corps à corps qu'elle leur présageait. Ils se retirèrent en désordre.

Leurs trois ou quatre salves tirées trop vite, trop haut et de trop loin n'atteignirent personne.

Je fus le seul à recevoir dans la poche droite de mon large pantalon une de leurs balles qui cassa ma pipe, tordit mes clefs, fit de mon couteau à virole une poussière d'acier et amalgama en un petit lingot d'or et d'argent le contenu de mon porte-monnaie traversé de part en part.

Mais si les défenseurs non abrités n'avaient pas fait longue résistance ni long feu, les choses se passèrent tout autrement que je ne l'avais espéré pour la trentaine d'hommes enfermés dans l'enclos central. Ceux-là nous attendirent de pied ferme.

Sans les fuyards allemands, qui poussés devant nous et serrés de près nous servirent d'abord de rideau vivant, il est probable que bien peu d'entre nous seraient parvenus intacts jusqu'au petit mur. On y arriva pourtant presque au complet et très ensemble.

Pénétrer dans la place ne fut plus que l'affaire d'un bond. La muraille n'était guère haute; elle était délabrée, et une dizaine de nos Arabes ne l'eurent pas plutôt escaladée que tout le reste suivit. Mais si l'assaut fut rapide, la mêlée intérieure fut prolongée. Elle ne cessa que lorsque nous fûmes les maîtres absolus et, même, les maîtres uniques de l'enclos.

Ben Sliman essuyait sa baïonnette d'un air satisfait. Il était aisé de voir qu'il ne regrettait pas de n'avoir pas pris son congé, pas plus que l'adjudant Fleury ne semblait fâché d'avoir conservé son fusil.

Cependant nous avions perdu là dix des nôtres.

La bravoure de mes turcos venait d'être si éclatante et leur misère précédente avait été si dure, que je ne me sentis pas la force ni presque le droit d'empêcher mes pauvres va-nu-pieds de débotter les morts. Je constatai, à mon grand étonnement, que les trois quarts des déchaussés avaient pris leurs chaussures pour porte-monnaie. Cette tirelire, à laquelle j'avais eu recours le soir de Sedan, n'était décidément pas une cachette. Je dois avouer à ma honte que, le partage des bottes une fois terminée, je poussai la faiblesse jusqu'à ne pas m'opposer à la fouille des havre-sacs. Il en sortit, outre quelques autres pièces blanches, force cigares et beaucoup de tabac. Le ravissement des turcos était à son comble. Soit naïveté, soit malice, ils se présentèrent les uns aux autres ces dépouilles opimes comme un cadeau de moi : « Chôf! ce que ma lieutenant i m'a donné. Bezef douro! bezef tabaco! bezef zapato! Li pas mentir, Mahomet très content. »

Malgré la fraternité prêchée par leur prophète, des querelles commençaient à s'élever entre les co-partageants de ces héritages *ab intestat*. L'arrivée d'un renfort prussien y coupa court. Le sergent-major Béchery l'aperçut le premier et me le signala. La petite troupe avançait lentement, dérobée à la vue par un repli de terrain, d'où elle comptait déboucher sur nous à l'improviste. Il ne nous restait qu'une ressource, qu'une sécurité même : foncer sur ces hommes avant qu'ils aient pris le temps de se déployer.

Béchery fut de cet avis, Ben Sadeck aussi

Les baïonnettes furent remises en un clin d'œil au bout des fusils et un nouvel « Amschoul gouddem ! » lança notre charge désespérée sur un ennemi environ trois fois plus nombreux. Le coup d'audace réussit. Le renfort tourna casaque avant que nous ayons pu arriver jusqu'à lui, et nous voilà poursuivant les Allemands et les pourchassant devant nous d'abord, à travers les vignes, puis à travers les jardins ; enfin, de maison en maison jusqu'au faubourg de la ville.

Une partie avait mis bas les armes et s'était rendue ; l'autre partie avait fui à toutes jambes en poussant à tue-tête des cris affolés : « Sie sind die Schwarze ! » « Ce sont les noirs ! »

On se rappelle, en effet, que j'avais dans ma section cinq ou six négros des plus foncés. Mon sous-lieutenant Ould Mohammed était lui-même d'un sang mêlé très peu mêlé.

Cependant, ces premiers avantages ne faisaient pas que la ville ne fût pas en état de défense, qu'il n'y eût pas dans ses murs toute une brigade, que le château de Montbéliard ne fût pas une forteresse et que les positions environnantes ne fussent encore solidement occupées.

L'entrain de la poursuite nous avait en réalité conduits un peu plus loin que de raison.

Le régiment de mobiles de la Charente qui devait déboucher sur la droite n'avait évidemment pas marché à notre allure, et la compagnie de soutien du capitaine Mustapha ne devait pas savoir du tout où nous avions passé.

Nous étions, comme on dit, tout à fait en l'air et ce, dans un air qui ne pouvait pas tarder à se saturer de plomb. Le pire danger était que l'ennemi s'aperçût de notre position plutôt précaire et de notre nombre plutôt dérisoire.

« Nous sommes peut-être allés un peu vite, dis-je à Béchery qui fut dans cette journée mon conseil de guerre *in partibus*.

— Et peut-être aussi un peu loin, répartit Béchery.

— Le colonel Lemoing ne nous abandonnera pas, repris-je. Seulement il serait bon de lui faire savoir, en tirant quelques coups de feu, que nous ne sommes pas tout à fait morts et il ne serait pas mauvais d'aller les tirer un peu plus à l'abri. Que diriez-vous d'un essai de prise de possession de la barricade carrée de la grand'place? Nous serions plus tranquilles une fois là dedans.

— On peut tâcher moyen, » répliqua Béchery.

Comme nous en étions là de nos palabres, des coups de fusil d'abord assez rares, puis bientôt plus répétés et enfin plus rapprochés partirent sur notre flanc droit. Ils n'étaient visiblement pas dirigés contre nous. C'était bien, cette fois, les mobiles de la Charente qui entraient en ligne; mais ils étaient encore bien loin d'être très près, comme disait l'adjudant Fleury et il ajoutait philosophiquement : « Il leur sera bien difficile de nous sortir de là, si nous ne nous en sortons pas nous-mêmes. »

En ce moment, venus, on ne sait d'où, mais à coup sûr tombés du ciel, arrivèrent tout courant, la joue droite déjà noire de poudre, une vingtaine de moblots charentais qui avaient gaillardement poussé comme nous leur pointe d'avant-garde. Ils avaient à leur tête un simple caporal, jeune gars trapu, aux épaules carrées, au front large qui leur avait servi de guide et d'entraîneur.

J'ai su le soir qu'il s'appelait Picard et qu'il était de Ruffec.

« Eh bien ! me dit Picard, de Ruffec, tout en crachant dans son fusil pour rendre un peu d'élasticité à la culasse, eh bien ! qu'est-ce qu'on fait maintenant ?

— Maintenant que nous voilà forts, lui répondis-je, on se divise en deux corps d'armée. Le premier court avec moi sur la barricade et le second reste embusqué à l'angle de ce mur, avec mission de tirer quelques coups de feu en l'air et de pousser des cris féroces.

— Compris ! dit le brave Picard, seulement, si vous voulez bien, j'aimerais mieux être de ceux qui feront peur là-bas que de ceux qui feront peur d'ici.

— Soit ! Mais alors, Béchery, c'est vous qui resterez avec les hurleurs.

— Et qui hurlerai moi-même comme un cent de putois. Convenu, mon lieutenant. »

Je renouvelai à ma petite troupe l'ordre formel de courir droit sur la barricade, de ne pas s'arrêter un instant en route, sauf accident, et de ne tirer cette fois encore qu'à bout portant. « En avant ! »

La réserve commence aussitôt sa symphonie héroïque avec accompagnement de coups de fusil tirés en l'air. Une bordée de balles nous accueille au tournant de la rue, que nous enfilons à toutes jambes. Nous entendons distinctement les vociférations des officiers qui essayent de retenir leurs hommes et qui commandent le feu. Une nouvelle salve blesse plusieurs des nôtres.

Mais une irrésistible panique s'est emparée des Allemands : « Schwarze! die Schwarze! » C'est le cri qui domine tout et quand nous arrivons sur la barricade, elle n'est plus défendue par personne, car ce n'étaient certes plus des défenseurs que les sept ou huit landwehriens couchés à plat ventre qui nous tendent leurs fusils en demandant grâce.

Rapidement, nous nous installons derrière le rempart de poutres et de charrettes devenu nôtre, et nous tiraillons de là quelques minutes encore dans le dos des fuyards pour les faire mieux fuir.

Le coup de main nous avait coûté huit morts et cinq blessés. Parmi les morts, gisait au pied de la barricade mon lieutenant indigène, le vieux Ben Sadeck, dont la large barbe blanche était sillonnée par un filet de sang rouge qui allait rejoindre le ruban de sa croix, et parmi les blessés un certain Ben Kader ben Dahour, petit Arabe tout sec, tout maigre, mais d'une énergie à toute épreuve et qui m'en avait donné, le jour même, un témoignage indéniable.

Au moment de la prise d'armes du matin, Ben Kader était venu me trouver, me disant qu'il ne pouvait plus marcher, qu'il était dévoré par la fièvre et qu'il demandait à être envoyé à l'ambulance. C'était un des rares bons tireurs de ma section, c'était en outre un soldat expérimenté, dont l'influence sur ses camarades était grande.

Je me résignais mal à voir disparaître un tel combattant un jour de combat.

Je me rappelai l'heureux résultat du procédé employé avec Ben Sliman et j'attaquai résolument la même corde ; la situation étant différente, le langage différa un peu, mais le fond resta identique.

« Tu n'es pas malade, lui dis-je brutalement, tu n'as pas la fièvre. Tu as peur et tu veux aller te coucher comme un chien parce que l'on va se battre. »

Ben Kader ben Dahour ne contesta pas. Il haussa tristement les épaules et reprit sa place dans le rang.

Lorsque je le retrouvai étendu par terre

avec deux balles dans la cuisse et que ma pitié pour lui s'exprimait en exclamations violentes et désolées, le fier soldat se contenta de me répondre : « Et puis, tu sais, j'avais la fièvre ! »

Quant à son émule en courage, Belcassem ben Sliman, il avait eu la chance de n'avoir reçu de balles que dans ses vêtements. J'en profitai pour expliquer à ses camarades que c'était le Mahomet des Français qui l'avait protégé en récompense de son dévouement. Je ne manquai pas non plus, beaucoup plus dans l'intérêt de mon influence que de ma vanité, d'étaler, moi aussi, les trous de mes vêtements.

Outre ma première balle, j'en avais reçu deux autres dans ma houppelande, une seule m'avait très légèrement égratigné le bras. J'allai jusqu'à me déclarer invulnérable.

« Chôf ! leur disais-je, les balles sur moi tapir, rebondir kif kif petits cailloux, jamais blessir. Mahomet et moi, amis ! »

Ce pieux mensonge, ou, si l'on veut, ce mensonge impie me fit beaucoup plus considérer par les Arabes que le fait même d'avoir ramassé le fusil d'un de leurs camarades qui venait d'être tué et de l'avoir vengé sur-le-champ.

Cependant, pour meilleure qu'elle fût, notre situation d'enfants perdus au milieu d'une ville encore occupée par l'ennemi ne laissait pas d'être plus que critique. On a beau être une quarantaine d'hommes bien déterminés et bien postés au milieu d'une barricade solidement construite, quelques canons amenés au bout de la rue n'en auraient pas moins suffi à démolir hommes et barricade.

Il faut croire que l'artillerie allemande, dont on entendait distinctement les canons gronder du côté de Belfort, n'avait pas de batterie disponible ou qu'elle ne voulût pas nous faire l'honneur d'en disposer contre nous. Ce fut une simple compagnie d'infanterie qui revint à la charge. On coupa court à son élan par une bordée de ces coups de fusil que l'on ne tire jamais plus à coup sûr ou à coups plus sûrs que derrière un abri.

Le diable était que nos munitions s'épuisaient et que le mouvement tournant si énergiquement exécuté sur la droite par les moblots de la Charente semblait arrêté depuis quelques instants par une fusillade très nourrie. Les Charentais perdaient en effet là bon nombre de leurs hommes et de leurs officiers.

Dix minutes encore et nous allions être

réduits au rôle d'assiégés parqués entre quatre planches avec des fusils vides qui n'étaient plus des armes.

« Le capitaine Mustapha se f... de nous, dit Béchery.

— Le fait est que sa compagnie de soutien ne nous soutient guère, riposta le sergent Fleury qui était fortement enclin aux jeux de mots.

— Il ne peut pas deviner où nous sommes, objecta Beauménil.

— Mais sacrebleu! nos coups de fusils sont pourtant un point de repère, repris-je à mon tour.

— Sans doute, mon lieutenant, riposta Beauménil, seulement nos points de repère ont souvent changé; nous en avons tiré un peu de tous côtés, des coups de fusil.

— Tirons-en encore quelques-uns de ce côté-ci, ça prendra peut-être. Mais de l'économie, camarades, parce que les morceaux de plomb commencent à valoir leur pesant d'or. »

Tout en continuant un tir très espacé et très lent contre ce qui paraissait et disparaissait d'Allemands au bout de la rue, j'en étais arrivé à me demander, à part moi, si, mourir pour mourir, il ne valait pas mieux aller nous faire tuer sous les murs du château. Être frappé dans le dos en battant en retraite m'allait moins que d'être frappé dans la poitrine en marchant en avant.

Je communiquai tout bas mon idée à Béchery qui, pour toute réponse, la communiqua tout haut à tous les autres.

« A Dieu vat! conclut Picard, mais c'est tout de même dur d'en être réduit là. On n'aurait pas dû nous abandonner comme ça. »

J'allais prendre des dispositions pour donner malgré tout un peu d'organisation à cette sortie désespérée lorsqu'un cri joyeux retentit derrière nous.

C'était le sous-lieutenant Ould Mohammed qui, monté sur la barricade, les deux mains en visière, avait interrogé du regard les hauteurs voisines : « Chouia! chouia! mon lieutenant, voici les chachias! »

Comme une aurore empourprée, une longue ligne de calottes rouges montait rapidement sur l'horizon.

« Rien n'est perdu, alors!

— Vous pouvez même dire que tout est gagné, mon lieutenant, reprit Béchery.

— Je crois que les camarades vont être contents de trouver la besogne toute mâchée, ajouta l'adjudant, mais nous avons bien failli y laisser nos dents. »

Les coups de feu commencèrent à retentir sur le plateau; il en retentissait aussi sur notre droite, de plus en plus proches et de plus en plus nourris.

C'étaient les mobiles charentais qui reprenaient le dessus. Les Prussiens, refoulés, passaient, en fuyant, le long du canal.

Nous n'avions plus à ménager nos munitions et nos dernières cartouches leur faisaient payer cher l'enfilade des rues.

Enfin, une première compagnie de turcos déboucha sur la place, puis une seconde, puis une troisième, puis, bientôt après, le régiment tout entier.

On se salua, on s'accola, on s'embrassa; on se félicita sans bien savoir ce que l'on faisait ni ce que l'on disait, et des bordées de jurons tenaient lieu de phrases.

Sur la droite, arrivèrent bientôt, non moins joyeux, non moins triomphants, malgré de sérieuses pertes, les deux bataillons de moblots charentais.

On avait bel et bien ville gagnée et, si la somme de tous les avantages remportés ce jour-là ne peut pas tout à fait s'appeler une victoire, la bataille n'en était pas moins un succès. Il semblait seulement qu'elle fût terminée.

Quelques points furent occupés pour prévoir un retour offensif, mais de la poursuite de l'ennemi, de l'attaque du château, de la marche vers Belfort, pas un mot !

C'était comme une simple arrivée à l'étape suivie d'une pacifique distribution de cantonnement.

Cependant le commandant Lanes vint me serrer la main sans rien dire. Le colonel Lemoing aussi, mais en me disant beaucoup de choses.

Toutes ne me furent pas également agréables à entendre. Le fiel me fut servi avant le miel. Les reproches étaient : « Course trop rapide, attaque poussée trop loin ; trop peu de soucis de la vie des hommes ; plus de chance que de sagesse ; témérité n'est pas courage ! »

Ma défense fut : que nous n'avions pas couru plus vite en avant que les Prussiens ne couraient en arrière ; qu'en arithmétique militaire la chance fait partie des calculs ; que si les pertes subies étaient proportionnellement considérables pour une seule compagnie, elles étaient relativement minimes pour l'ensemble du régiment ; qu'au total nous avions fait plus de mal à l'ennemi qu'il ne nous en avait fait à nous-mêmes et qu'en fin de compte l'événement me justifiait. »

Je terminai cette apologie personnelle par un compte rendu détaillé de nos divers engagements et par l'éloge de ma petite troupe, y compris Picard et son escouade.

Le commandant Lanes et le colonel Lemoing avaient appuyé mon récit de nombreux signes de tête approbateurs. Quand j'eus fini, le colonel joignit la parole au geste : « Enfin ! si ça n'a pas été très raisonnable, ça a été du moins assez raisonné et pour un joli coup de main, c'est un joli coup de main ! C'est même mieux que cela, étant donné votre petit nombre, la ténacité de votre élan et la durée de vos efforts ; ça peut très bien s'appeler un fait d'armes. N'est-ce pas, Lanes ? »

Les félicitations s'arrêtèrent là, mais elles furent suivies de cette demande grosse de promesses: « Envoyez-moi tout à l'heure, avec votre rapport écrit, les noms de vos deux meilleurs sous-officiers et vos prénoms à vous. »

Le colonel me quitta sur une nouvelle

poignée de main ; le commandant se disposait à en faire autant quand je le retins par un mouvement involontaire. Bien qu'il m'eût été facile de deviner ce que présageait la dernière phrase de mon chef de corps, le vif plaisir que je ressentais était dominé par une préoccupation si poignante que je ne pus m'empêcher de l'exprimer : « Et le château ? mon commandant. Est-ce que nous n'allons pas l'attaquer, le château ? »

Le commandant me fit connaître en peu de mots ce qui s'était passé une demi-heure après ma mise en mouvement.

Le général Peytavin qui commandait la division voisine avait été désigné pour prendre le commandement des deux divisions réunies. En même temps le colonel Lemoing avait reçu l'ordre de nous faire revenir en arrière.

L'attaque poussée à fond par ma compagnie et le mouvement déjà très avancé des deux bataillons de mobiles et de la compagnie de Sémelé n'avaient heureusement pas permis ce rappel. Le colonel Lemoing avait alors demandé de faire soutenir et de soutenir lui-même les troupes engagées. On avait fini par le lui accorder, mais on lui avait refusé, jusqu'à nouvel ordre tout au moins, les renforts nécessaires et l'artillerie indispensable pour compléter la prise de la ville par la prise du château. « Espérons, conclut le commandant, que la nuit portera conseil et que ce qui ne se fera pas aujourd'hui se fera demain. En tous cas vous avez bien marché et, vous savez, si la témérité n'est pas du courage, comme dit Lemoing, elle vaut rudement mieux que l'indécision. Je ne me permets pas de blâmer son blâme, mais je contresignerai des deux mains sa proposition. Et maintenant allez vous reposer et faire reposer vos hommes. Vous en avez le droit et ils doivent en avoir besoin. »

De ces bonnes paroles, je retins surtout que ce qui ne s'était pas fait aujourd'hui se ferait demain.

Je rejoignis mes soldats, sinon très content, du moins pas du tout mécontent, et je me dirigeai avec eux vers l'église Saint-Martin qui devait nous servir d'abri.

IX

L'encombrement des rues était tel que ma minuscule compagnie fut obligée de s'éparpiller et de marcher à la billebaude, guidée par Ould Mohammed qui avait déployé, au bout de son sabre, un foulard algérien rouge et or, en guise de fanion. Mes tirailleurs avaient, du reste, pour se reconnaître un moyen de ralliement autrement pratique que la kouffie d'Ould Mohammed, c'était les derniers trophées ramassés par eux dans la barricade.

Presque tous étaient en effet porteurs de deux fusils : le leur et un fusil Dreysse. Barca ben Abdallah portait en sus, fiché dans la courroie de côté de son sac, et attirant les regards par l'éclat d'une poignée étincelante, un tronçon d'épée avec sa dragonne d'or. Ce dernier souvenir était le résultat d'une négociation intervenue entre lui et moi au début de la journée.

Barca avait fait une solennelle promesse doublée d'un vœu à l'un de ses parents de Mostaganem, dont le fils aîné avait été tué à Wissembourg. Il s'était engagé à rapporter audit parent la main droite du premier officier prussien tombé sous ses coups. Cette mutilation symbolique et vengeresse était sans doute d'un goût antique ; elle n'était pas du tout du mien. Aussi, lorsque j'avais vu mon nègre se mettre en devoir d'accomplir son serment, j'étais violemment intervenu pour lui interdire son opération sacrilège. Le sauvage ne me comprenait pas : « Quel mal cela faisait-il à un mort ? »

Je ne m'attardai pas aux questions de sentiment et j'invoquai tout de suite des raisons d'un tout autre ordre. Il lui serait impossible de conserver ce débris sanglant, impossible de le transporter ! Est-ce que, à tout point de vue et pour lui, Barca, et pour son parent, mieux ne vaudrait pas ramasser l'épée de la victime, symbole non moins significatif, cent fois plus précieux et mille fois plus durable qu'un lambeau de chair humaine ? Sa transmission de génération en génération perpétuerait et glorifierait à tout jamais le souvenir de sa vengeance parmi les guerriers de sa tribu. Car, n'est-ce pas ? ce qui vengeait les siens, ce n'était pas la mutilation du chef ennemi, c'était sa mort.

Cette kyrielle d'arguments ébranla Barca. Il accepta l'échange à la condition, toutefois, que si « lui pas couper main, lui briser épée. »

Cette idée de châtier l'arme au lieu de l'homme n'eut rien qui me déplût, et le pacte, mutuellement consenti, fut aussitôt exécuté entre les doigts de fer de mon colosse.

L'église Saint-Martin était à une assez grande distance de la grand'place. Avant d'y arriver, j'avais pris soin de rétablir un peu d'ordre dans les rangs. Je marchais en tête avec Béchery, ayant, moi aussi, sur l'épaule, le chassepot dont j'avais fini par me servir comme les camarades.

Picard et son escouade nous suivaient.

Sur le parcours déjà, et depuis le moment surtout où notre petite phalange s'était reformée, de vives sympathies nous saluaient au passage. Toutes nos figures étaient noires de poudre, ce qui n'empêcha pas une jeune paysanne blonde et rose, dûment accompagnée par son père, de nous embrasser sur les deux joues, Béchery et moi, en nous remettant un bouquet de lauriers verts enrubanné de tricolore. J'effeuillai le bouquet entre mes soldats et j'attachai les rubans à la baguette de mon fusil. D'autres femmes et d'autres hommes s'avancèrent qui nous serrèrent la main à tous, Arabes comme Français, moblots comme turcos.

— Bonne journée! disait l'un.

— Oui! mais trop tôt finie, objectait l'autre.

— Patience! répliquai-je, et je répétai machinalement la phrase consolante du commandant Lanes : « Ce qui n'a pas été fait aujourd'hui se fera demain. »

Un sage s'avisa que nous pourrions bien avoir faim; un autre non moins sage que nous pourrions bien avoir soif.

Ces remarques, on ne peut plus judicieuses, amenèrent d'immédiates et multiples propositions d'envois de vivres solides et liquides. Il fut même parlé de soupe chaude.

En d'autres temps, en des temps où il eût fait moins froid et moins faim, j'eusse refusé par principe. Mais, beaucoup pour les motifs que je viens d'indiquer et un peu en raison des événements de la journée, j'acceptai par exception.

Mon sergent-major et son fourrier furent aussitôt chargés d'organiser la distribution et je me chargeai, moi, de présider à ces agapes fraternelles qui auraient lieu, comme la communion des pauvres au moyen âge, sur les bancs mêmes de la maison du Seigneur. Le Dieu des Armées ne s'en offensa certes pas; non plus que le Dieu de Justice — la grande nef occupée alors par nous, l'ayant été le matin par les Allemands.

En entrant dans l'église, encore qu'elle

fût déjà transformée en caserne et déjà aux trois quarts remplie par divers détachements, je portai instinctivement la main à mon front et fis le signe de la croix : « Loué soit le Très-Haut ! Gloire au Tout-Puissant, c'est Lui qui met les ennemis en fuite !... »

Hélas ! la fuite des ennemis fut de bien courte durée; elle n'eut pas de lendemain ; le cantique d'allégresse s'acheva en psaume de douleur : la retraite de l'Armée de l'Est allait commencer.

X

« Comment s'appelle votre lieutenant ? » avait demandé un de nos généreux pourvoyeurs de vivres, surpris de me voir assis et mangeant par terre avec mes hommes dans un égalitaire coude à coude.

— « Le grand Parisien, » avaient répondu mes turcos.

Ils m'avaient baptisé ainsi peu de temps après mon arrivée à l'armée de la Loire. C'était en ces jours d'espoir où nous ne parlions tous que d'aller délivrer Paris.

Je me voyais alors entrant dans la chère

cité avec mes arbis et je m'évertuais à exciter par avance leur curiosité vers cet autre paradis de Mahomet. Mes descriptions étaient enchanteresses, elles étaient même hyperboliques. Quand je les avais finies, je les recommençais et alors aussi recommençait la litanie des questions :

— « Plus beau qu'Alger ?
— Beaucoup plus beau !
— Plus beau que Constantine ?
— Cent fois !
— Kif kif Mostaganem ?
— Plus que kif kif !
— Et que Tigdid ? interrogea Barca, qui habitait comme de juste le village nègre, tri beau, Tigdid !
— Paris pas plus beau, mais plus grand, beaucoup plus grand. »

Après les informations sur la cité, venait l'enquête sur les habitants : « Nombreux les hommes ?
— Aussi nombreux que les étoiles !
— Et les femmes ?
— Belles comme le soleil !
— Si nous entrer dans Paris, toi conduire nous à ton gourbi ?
— Moi conduire vous et vous prendre mlé kaoua dans mon gourbi.

— Mlé bezef! Allah masch Allah! »

C'est à partir de cette hospitalière invitation que je fus désormais sacré « le grand Parisien. » Je n'ai pas besoin d'ajouter que la grandeur, dont mon parisianisme se trouvait ainsi décoré par surcroît, visait beaucoup plus mes 5 pieds 6 pouces que la générosité de ma promesse. Ce sobriquet, qui en valait bien un autre, ne me fut pas tout à fait inutile le soir du 15 Janvier.

Au conseil de régiment, qui s'était réuni quelques heures après l'affaire, un certain capitaine X***, que je ne veux pas désigner autrement, eut la hardiesse d'affirmer que c'était sa compagnie et lui qui étaient entrés les premiers dans la ville. Il argüait, à l'appui de son dire, que ma compagnie, à moi, n'était pas une compagnie régulièrement constituée, que je n'en avais eu le commandement que par intérim, qu'enfin les éléments avec lesquels j'avais marché n'étaient pas homogènes, à preuve qu'on avait trouvé autour de moi, dans la barricade, un certain nombre de mobiles charentais. Il eut l'impudence d'ajouter qu'on n'avait qu'à interroger les premiers venus des habitants de la ville et qu'on verrait bien que c'était telle compagnie de tel bataillon, ayant à sa tête le capitaine X*** (c'était lui-même), qui était arrivée la première sur la grand'place.

Le lieutenant-colonel Lemoing répugnait à cette enquête qu'il considérait comme superflue; le commandant Lanes insista au contraire pour qu'elle eût lieu sur l'heure. Il y voyait le moyen le plus simple et le plus sûr de clore le débat.

Une dizaine d'habitants furent convoqués et interrogés l'un après l'autre. A quelques détails près, les réponses furent d'une monotonie désespérante pour le capitaine X***. Aucun des interrogés ne savait le nom exact de l'officier qui avait commencé et mené à bonne fin l'attaque de la ville, mais tous le connaissaient par son surnom, c'était « le grand Parisien! »

Le capitaine X*** était l'ami particulier de Lemoing, mais le loyal lieutenant-colonel fit taire son amitié et ne laissa parler que son équité : « Vous avez de très beaux états de service, capitaine, et je vous proposerai en second pour être arrivé le premier au secours de ce jeune homme qui était perdu sans vous. Mais reconnaissez que, sans lui, ni vous ni moi ne serions ici à délibérer sur un fait d'armes qui ne fait pas seulement honneur à lui seul, mais au régiment tout entier. »

L'équitable colonel ne se doutait guère que ces ridicules objections de fractions irrégulièrement constituées, d'éléments non homogènes, de commandements intérimaires, soulevées contre moi par le capitaine X***, lui seraient opposées à lui-même et que, tenant comme inexistant, faute d'un chef régulier, et son régiment de tirailleurs algériens, et notre brigade et notre division, et même le régiment des mobiles de la Charente, les rapports officiels et les publications historiques résumeraient ainsi notre demi-victoire : « Le 15 janvier, la division Peytavin s'empare de la ville de Montbéliard. »

Je n'ai garde d'attribuer à l'honorable général Peytavin cette usurpation, ou, tout au moins, cette absorption inexplicable. Il est hors de doute que le fait provient uniquement de ce respect des hiérarchies régulières qui justifierait presque l'état d'esprit du capitaine X***.

Je dois, toutefois, reconnaître que si l'honneur de voir nos services historiquement et officiellement reconnus nous fut refusé, au lieutenant-colonel Lemoing, aux turcos, aux moblots Charentais et à moi-même, Lemoing et moi avons du moins eu la satisfaction d'en être militairement récompensés.

Quatre jours après, le lieutenant-colonel était promu colonel au 4° Zouaves; trois semaines plus tard, j'étais fait chevalier de la Légion d'honneur.

XI

Le lendemain, ce beau lendemain dont je me promettais monts et merveilles, se passa tout entier pour nous sans le moindre engagement. Fusils et canons faisaient silence. On nous assigna même d'autres cantonnements où nos divers détachements purent se rendre sans être inquiétés par aucun coup de feu.

Nous fûmes logés, mes hommes et moi, dans une confortable villa située sur la gauche et en arrière du plateau où nous nous étions battus la veille. Sa propriétaire, Mme Rosset, qui était une proche parente de mon excellent ami Georges Berger, n'eut pas trop peur de mes turcos et nous fit, en bonne Française, le meilleur accueil.

Vingt-quatre heures s'écoulèrent là dans le calme le plus absolu. Seuls les canons du colonel Denfert-Rochereau continuaient à gronder dans le lointain. Notre *far-niente* faisait plus que me surprendre, mais le commandant Lanes avait été détaché sur Bettancourt avec une fraction du régiment et je n'avais personne à qui demander le secret d'une telle inaction. J'avais fini par en attribuer la cause à quelque armistice inconnu de nous. Il n'en était rien.

Le matin suivant, au lever du soleil — c'était le 17 janvier — l'artillerie du château nous sonna le réveil par une quarantaine d'obus lancés à toute volée et à tout hasard, qui firent beaucoup plus de bruit que de mal.

Je m'imaginai naïvement que la bataille allait de nouveau s'engager. Mais ce ne fut pas l'ordre de l'assaut que m'apporta Béchery, ce fut tout le contraire. Le rapport du colonel, qu'il vint me lire dans le jardin de la villa Rosset, où j'avais déjà rassemblé ma petite troupe, nous enjoignait d'avoir à rejoindre sur-le-champ la brigade qui se formait en colonne de route en avant de la ville et qui irait réoccuper directement ses tristes bivouacs de l'avant-veille.

Belfort ne serait pas secouru. Montbéliard était abandonné !

Cet exode inexplicable m'exaspérait. De honte et de rage, les larmes me sautaient des yeux. Je me laissai même aller à de violentes récriminations qui arrivèrent jusqu'aux oreilles du colonel Lemoing. Il y coupa court par un impérieux : « Silence dans les rangs ! »
L'avis, tout collectif qu'il semblait être, n'en était pas moins tout personnel. Je le compris et je cessai de faire inutilement le grognard.
J'avais pourtant le cœur bien gros en pensant à mes morts et en songeant à la France.
Au loin tonnait toujours le canon de Belfort, de cette héroïque petite place forte que nous eussions pu et dû délivrer... Allah ! masch Allah ! Ce qui est écrit est écrit !

Pendant deux jours et deux nuits la forêt de Montbéliard servit non pas d'abri, mais de refuge aux divers contingents de l'armée de l'Est. On attendit là des vivres qui n'arrivèrent que le deuxième soir.

Cette halte de quarante-huit heures, sur une terre glacée et sous une neige incessante, est restée pour moi un des plus sombres souvenirs de toute la campagne. J'étais navré de notre marche en arrière et ce n'était pas l'âme seule qui souffrait, c'était aussi la bête.

Les feux de bivouac échauffent difficilement les corps à jeun et, du 17 au 19, il n'y eut ni pain ni café. On grignotait de coriaces morceaux de biscuit, tout en suçant de la neige pressée pour essayer de tromper la faim qui ne se laissait pas faire. Parfois, quand le feu avait, par hasard, plus de flamme que de fumée, on jetait les biscuits dans une marmite et on composait une bouillie plus écœurante que nourrissante.

Peut-être que toutes ces petites misères m'eussent trouvé plus résigné si je n'avais pas eu au cœur l'accablant sentiment que nous étions défaits, désorganisés, perdus.

Le 20 janvier, au petit jour, l'ordre arriva enfin de lever le camp.

Le régiment de tirailleurs fut désigné pour marcher à l'arrière-garde.

Il se forma à la sortie du bois et resta longtemps l'arme au pied, attendant que le dernier régiment qui devait le précéder eût gagné sa distance. Il faut croire qu'il la gagna lentement, car notre attente se prolongea outre mesure.

J'étais de plus en plus attristé, plus qu'attristé, abattu. Le commandant Lanes s'en aperçut et s'approcha de moi :

« A qui diable en avez-vous avec cette figure d'enterrement?

— Hélas! mon commandant, elle me paraît assez de circonstance, ma figure. Je sens si bien que depuis deux jours nous avons enterré l'espérance.

— Quel mauvais propos! répliqua le commandant. On n'enterre jamais l'espérance. Le jour où l'on se dit « à quoi bon? », l'on n'est plus bon à rien et il faut toujours être bon à quelque chose. Quand ce ne serait qu'à empêcher ses hommes d'être surpris, à éviter que la retraite ne tourne à la débandade.

« Nous ne sommes pas seuls en campagne; notre régiment de turcos n'est pas tout ; le XVe corps n'est pas tout. On lutte encore à Paris, d'autres armées se lèvent, la dernière carte n'est pas jouée. J'ignore, comme vous, pourquoi nous marchons à reculons. L'important est d'y marcher proprement, sans désespoir, sans désordre, sans abattement.

« Faire de son mieux tout ce que l'on a à faire, sans se demander si tout le monde en fera autant, sans s'inquiéter de savoir si ce qu'on a fait servira à autre chose qu'à avoir bien fait, là est le devoir.

« Si j'avais le commandement d'une place forte et qu'on vînt m'apprendre que toutes les armées du dehors sont rendues, je ne me rendrais pas pour cela, je lutterais quand même, entendez-vous ? Quand même ! retenez bien ce mot ! »

. . . .

Oui, mon cher commandant, consolateur de ma première et dernière défaillance, soutien de mon unique faux pas sur la route du sacrifice, oui, magnanime et vaillant ami, j'ai entendu le mot, je l'ai retenu et je ne l'oublierai jamais.

J'ai fait plus que de m'en souvenir partout, toujours et sans cesse ; je l'ai répété à des milliers de Français qui en ont fait comme moi leur devise.

Aussi est-ce vraiment vous, commandant Lanes, qui, au pied de cette sombre forêt de Montbéliard, par cette aube douloureuse d'un jour de retraite, avez été et êtes encore le premier fondateur, le vrai parrain de la Ligue des Patriotes.

LIVRE VI

DE MONTBÉLIARD A PONTARLIER
☩ PAR SOMBACOUR ☩

En retraite ! — Chemins de neige. — Du cognac de la Charente. — Pillage d'un convoi. — Trabis-contents. — La défense de Torpes. — Retour à Quingey. — Paperasserie administrative. — Distribution illicite. — Bill d'indemnité. — Planche de salut. — La débandade. — Sombacour. — Une colonne mixte. — Fuyards ralliés. — La chanson des roues.

I

Les chemins de neige sont encore pires pour les soldats qui ferment la marche que pour ceux qui l'ouvrent. Il est, à coup sûr, très pénible et très fatigant d'enfoncer à chaque pas jusqu'à mi-jambes dans une nappe de neige encore vierge ; non moins pénible et non moins fatigant de sentir s'accumuler sous ses semelles d'autres semelles inégales et alourdissantes, mais, tout cela n'est rien en comparaison d'une étape faite à l'arrière-garde. Le passage d'une colonne de fantassins et de cavaliers, d'artillerie et de bagages qui a foulé le sol neigeux le transforme bientôt en un dallage à la fois lisse et raboteux, sur lequel il est douloureux de marcher, difficile de ne pas tomber, impossible de ne pas glisser à chaque enjambée.

Il y a un double sentiment de fatigue et d'irritation dans cette lutte perpétuelle, tantôt contre les aspérités de la neige devenue pierreuse, tantôt contre les dangereux glacis formés par les roues des canons et des charrettes. La même route s'en allonge d'un bon tiers aussi bien pour la durée du trajet que pour la longueur du parcours. Chaque pas en avant est suivi d'un demi-pas en arrière, sans compter les chutes qui sont fréquentes et les torsions de pieds qui ne le sont guère moins.

On serait tenté d'enlever sa chaussure si le danger des pieds gelés ne devait remplacer le risque des pieds foulés.

Fort heureusement pour moi, le commandant Lanes venait de me mettre au cœur une belle provision de résistance. Je pris, en riant, ce qu'une heure auparavant j'aurais pris en geignant et je blaguai ma peine au lieu de m'en plaindre. C'était toujours ça.

Nous n'arrivâmes qu'à la nuit tombée à l'Isle-sur-Doubs qui aurait dû être notre gîte d'étape. Mais l'étape n'aboutit pour nous à aucun gîte. D'une part, la mobile de la Charente était, d'ores et déjà, cantonnée dans toutes les maisons; d'autre part, l'ordre nous fut donné d'occuper immédiatement les hauteurs avoisinantes et de couvrir le petit village contre une attaque possible des Prussiens.

Là-haut non plus, nous n'eûmes pas de vivres et nous n'eûmes pas de feu. Le régiment était de grand'garde, avec défense d'allumer une allumette afin que rien ne révélât sa présence.

Dure nuit sans sommeil, après une dure journée sans repos! mais l'idée que nous protégions la retraite nous tint en éveil. Tout le monde fit contre fortune bon cœur et personne ne récrimina, non pas même moi qui avais grogné jadis pour beaucoup moins.

Lorsqu'on descendit du plateau, au soleil levé, permission nous fut accordée de nous reposer quelques heures dans les cantonnements devenus libres par la mise en route des Charentais.

Leur régiment n'était pas encore parti. Il était rangé, tant bien que mal, de chaque côté de la rue. Comme nous traversions cette double haie d'enfants fourbus, un jeune sous-lieutenant, fils d'un grand négociant de Cognac, M. James Hennessy, m'interpella au passage :

— « Vous avez l'air d'en avoir assez, cette fois?

— Assez, oui, mais pas de trop. »

D'un geste amical, Hennessy me tendit sa gourde: « Une gorgée de fine champagne, hein? »

L'avant-veille, au soir, le commandant Lanes avait fraternellement partagé avec moi son quart de café ; l'idée me vint d'essayer de lui payer ma dette avec le trésor d'autrui.

— « Une gorgée? non! mais deux si vous le voulez bien et la première sera pour le commandant. »

James Hennessy eut la bonne grâce d'y consentir.

Les invités furent aussi discrets que l'invitation avait été généreuse ; nous ne bûmes littéralement que nos deux gorgées d'un cordial précieux en tout temps, mais dont nous comprenions ce qu'en valait chaque goutte à pareille heure.

Les tirailleurs s'éparpillèrent dans les écuries et dans les granges ; une distribution de pain et de café leur fut faite, pain à moitié gelé, café un peu éventé ; mais, vaille que vaille, on était toujours ravitaillé.

Deux bonnes heures d'un sommeil de plomb complétèrent cette remise en état et rendit moins accablante notre longue marche.

Le soir, bon cantonnement à Pompierre, sans aucune poursuite de l'ennemi. Détente et restauration un peu plus complètes, grâce à la halte beaucoup plus longue et aux vivres meilleurs et plus copieux.

Il y eut viande et sel : c'était la première vraie soupe que les tirailleurs mangeaient depuis le 15 janvier et nous étions alors au 22. Cette satisfaction de l'estomac permit à nos turcos de remplir, à quelques kilomètres de là, un rôle qui n'était guère dans leur répertoire coutumier.

C'était à Clerval, le long de la voie ferrée. Un train de subsistance y était garé et un régiment, dont j'ai oublié le numéro, mais qui ne mangeait probablement, comme nous, que par intervalles, avait pris le parti de s'approvisionner en pillant le convoi. Un fourgon avait déjà ses portes brisées et, malgré les protestations violentes des intendants et des soldats d'administration, ces pauvres ventres affamés persistaient à n'avoir pas d'oreilles. Il fallut l'intervention des turcos envoyés au secours par le colonel Lemoing pour empêcher tous les autres fourgons d'être mis à sac et pour rétablir l'ordre dans cette cohue aux dents longues.

Deux heures plus tôt, je veux dire avant la soupe et le rata de Pompierre, tout me porte à croire que les farouches gardiens auraient fait pis que de ne pas garder.

Il n'y eût rien d'intéressant à signaler dans les étapes qui nous conduisirent jusque sous les murs de Besançon.

Les difficultés de la marche restèrent ce qu'elles étaient : pieds dans la neige, épaules dessous, bise au visage et mains gourdes ; distributions relativement régulières, haltes relativement suffisantes, état moral excellent ! C'est surtout des tirailleurs que je parle, car en allant prendre la tête de la colonne, au sortir de Baume-les-Dames, j'entendis de loin l'écho d'une scène de mutinerie dont les cris nous arrivaient jusque sur la route : « Nous sommes trahis ! nous sommes trahis ! » hurlaient ces exaspérés de la fatigue et du froid. Mes tirailleurs, qui n'entendaient comme moi que le bruit des voix, m'interrogèrent aussitôt : « Quoi dire les garde-maboul ? sommes trahis ! Qui que c'est que ça, trahis ? »

Je n'en étais plus à un mensonge près avec les fils du prophète et je n'hésitai pas à sauvegarder leur entrain par cette traduction libre : « Trahis ? ça veut dire contents.

— Alors li être tri contents, observa Barca ben Abdallah, car li crier tri fort.

Je répétai complaisamment : « Oui, Barca, li tri contents et moi aussi. »

Je jouais là, à peu de chose près, avec mes turcos, la scène du Médecin malgré lui. « Savez-vous le latin ? Non ? Alors, *cabricias arcithuram catalamus singulariter !* » Et, tout comme pour le père de Lucile, la consolation fut immédiate. Fis-je pas mieux que de me plaindre.

Il en est pourtant de la résistance à la misère et aux fatigues comme de la résistance aux balles et aux boulets, elle a ses limites.

Elle a surtout son besoin d'aliments pour ne pas faiblir.

La nourriture de l'âme, c'est l'espoir, et depuis de longs jours nos pauvres âmes étaient bien mal nourries.

Lorsque notre avant-garde arriva sous les murs de Besançon, elle trouva les portes de la ville fermées pour nous. Quelques instants après, nous recevions l'ordre de remettre sac au dos, de retraverser le Doubs et d'aller occuper le petit village de Torpes.

Notre diversion devait avoir pour résultat de donner au reste de l'armée le temps de gagner, sans être serrés de trop près, un point d'appui ou un lieu d'asile sous les canons du fort de Joux.

II

Il suffisait de consulter la carte pour voir que le poste où l'on nous envoyait était très exposé, très éloigné de tout secours, commandé par trois routes et dominé par les hauteurs voisines. C'était sur cette position intenable que nous avions l'ordre de tenir douze heures.

— « Douze heures ! mais nous serons enlevés ou démolis dans douze minutes, s'écria le capitaine Fargues.

— Allons donc ! répliqua Lanes, qui remplaçait de nouveau le colonel Lemoing, entré depuis trois jours à l'ambulance. Allons donc ! ce n'est pas, à vrai dire, une promenade d'agrément, mais ce n'est pas tant que ça une *corrida de muerte*. On peut s'en tirer, je vous l'affirme. Je vous expliquerai ça là-bas. En route ! Et croyez-moi, Messieurs, nous en reviendrons. »

En toute conscience, je ne croyais guère à cette chance de retour, mais je m'efforçai de n'en pas douter et je pris en tous cas le parti de n'en pas laisser douter mes soldats.

Arrivés à Torpes, le commandant qui, durant le trajet, avait passé son temps à étudier la carte déployée sur le cou de son cheval, sauta à terre et réunit les officiers.

Il nous expliqua son plan. L'ordre de tenir à tout prix voulait surtout dire qu'il fallait empêcher l'ennemi de passer. Il ne lui semblait pas que le meilleur moyen fût de lui barrer la route de vive force, vu notre petit nombre. Nous n'avions pas le temps d'établir aucune fortification passagère; nous n'en avions à peu près pas les moyens.

Mais nos huit cents hommes pouvaient très bien suffire à former en avant de Torpes un immense cordon de petits postes. On ne mettrait personne dans les bouquets de bois, que l'ennemi supposerait forcément bien gardés et l'on occuperait toutes les hauteurs qui se trouvaient à droite et à gauche du village. L'important était de paraître très nombreux et de faire croire qu'une pareille ligne de sentinelles n'était ou ne pouvait être que la grand'garde d'une division.

Ce qu'on attendait de nous, c'était une journée de répit; nous la donnerions aux autres et, selon toute vraisemblance, nous l'aurions nous-mêmes.

En cas d'attaque de vive force, et si nous étions réduits à remplacer la ruse par les coups de feu, les compagnies devaient se replier sur la compagnie du centre qui occupait une position facile à défendre et en face de laquelle débouchaient deux routes; c'est à cet endroit qu'il faudrait lutter « quand même » s'il y avait lutte. Pour l'imprévu, et aussi, pour la direction de la retraite qui ne s'effectuerait qu'à la nuit tombée, le commandant viendrait lui-même sur la ligne nous porter ses ordres. Il désigna aussitôt à chacun les routes à suivre, les mesures à prendre et les postes à occuper.

Si sages que fussent ces mesures, et bien qu'elles fussent les seules à prendre, les risques courus étaient trop grands pour que les cœurs ne battissent pas un peu la chamade; mais personne ne fit d'objection et chacun gagna rapidement son poste, ragaillardi par la belle confiance du commandant.

Les événements lui donnèrent raison. A maintes reprises, sur divers points, les cavaliers prussiens apparaissaient, puis s'arrêtaient, examinaient les positions, puis disparaissaient sans qu'aucun mouvement d'attaque se dessinât à l'horizon. Vers les quatre heures, des compagnies d'infanterie allemande apparurent à leur tour, mais ce fut uniquement pour placer, elles aussi, une grand'garde en face de la nôtre.

A la nuit tombée, le commandant Lanes, qui n'avait cessé de parcourir à cheval les avant-postes, donna lui-même l'ordre d'une retraite silencieuse. Le lendemain à l'aube, sans avoir ni reçu ni envoyé un coup de feu, le régiment au complet refranchissait le pont du Doubs.

Le stratagème avait réussi plus qu'à merveille, à miracle ! Il ne s'agissait plus maintenant que de rejoindre le gros de l'armée. On ne nous avait naturellement pas attendus et nous allions bientôt voir qu'on ne nous attendait plus du tout.

III

C'est au village de Quingey que nous finîmes par rattraper la queue de la colonne. Il y avait encore là, avec deux régiments d'infanterie, l'intendance du corps d'armée et un convoi de provisions.

Les tirailleurs formèrent les faisceaux en arrière du village, déjà encombré, et je fus chargé par le commandant d'aller aux vivres avec vingt hommes de corvée.

Quand je me présentai à l'intendant avec mes bons de pain, signés par le commandant Lanes, je fus accueilli comme le plus fâcheux et le plus surprenant des revenants. M. l'intendant était à table dans une petite salle située en face de ses bureaux. Couteau et fourchette en mains, il découpait tranquillement un poulet. Un bon verre de vin était en face de lui. Je n'en avais pas vu autant depuis longtemps, mais mes tiraillements d'estomac n'entraient pour rien, j'en suis bien sûr, dans la mauvaise humeur que j'allais bientôt lui témoigner.

— « Qu'est-ce que c'est? demanda-t-il en se retournant à peine.

— C'est un officier de tirailleurs algériens de corvée aux vivres. »

L'homme aux broderies blanches eut un haut le corps d'étonnement.

— « Vous n'êtes donc pas allés à Torpes?

— Je vous demande pardon, monsieur l'intendant, nous y sommes allés, seulement nous en sommes revenus. Ce n'a pas été sans peine et ce n'est pas non plus sans appétit.

— Combien êtes-vous?

— Le même nombre qu'au départ, huit cents.

— Comment? le même nombre? reprit l'autre en se grattant le front; mais c'est que... ce nombre-là n'est pas du tout entré dans mes prévisions. »

Je me mordis les lèvres qui remuaient malgré moi.

M. l'intendant se mit à discuter à demi-voix avec un de ses principaux commis qu'il avait fait appeler. La conclusion de cette discussion fut que l'«on nous donnerait ça plus tard » ! que les situations étaient établies, les écritures bouclées et que le convoi devrait déjà être en marche.

Je me permis de répliquer qu'on pourrait peut-être modifier les situations, déboucler les écritures et que, sans troubler le bon ordre ni même la marche du convoi, on pourrait arrêter sur place les dernières voitures et nous en distribuer le contenu.

M. l'intendant devint furieux.

— « Vous n'allez pas, je suppose, vouloir diriger l'intendance ?

— Non. Mais les tirailleurs ont faim et ils viennent de rendre à l'armée un service qui mérite bien qu'on leur donne de quoi manger. Ce n'est pas parce que vous les avez crus tués qu'ils ne sont pas vivants.

— Je vous répète, monsieur, que mon convoi est déjà en marche.

— Alors, je n'ai plus une minute à perdre. Ce que vous refusez de nous donner, je le prendrai. Advienne que pourra. »

Je rejoignis prestement mes tirailleurs, qui m'attendaient dans la rue. Je leur fis prendre le pas gymnastique et, arrivé à la queue du convoi qui s'ébranlait, je leur ordonnai de barrer la route à deux voitures de pain.

L'intendant n'avait pas tardé à paraître, escorté de son commis.

— « Est-ce que vous vous f... de moi, monsieur ? »

Excité par l'indignation et sans doute aussi par l'excès des fatigues, je ne fus pas maître de ma colère et du tac au tac :

— « Oui, monsieur, je me f... de vous, de vous qui vous f... de la faim de nos soldats. Tirailleurs ! montez sur cette voiture et commencez la distribution des pains. »

Mes hommes ne se le firent pas dire deux fois. Les couvertures tenues aux quatre coins furent vivement remplies.

M. l'intendant vociférait : « Votre cas est grave, monsieur le sous-lieutenant ! » Je vociférais de mon côté : « Pas plus que le vôtre, monsieur le riz-pain-sel. Je ne suis peut-être pas dans mon droit, mais vous êtes rudement dans votre tort ! »

Dès ma sortie de ses bureaux, j'avais envoyé le caporal fourrier Got prévenir le commandant Lanes de ce qui s'était passé et de ce qui allait se passer. Il arriva juste à point, accompagné d'un général de division dont j'ignore le nom, mais que le commandant avait jugé bon de prévenir à son tour.

Je n'hésitai pas et pris résolument l'offensive.

— « Allons, monsieur l'intendant, faites votre plainte avant que je fasse la mienne.

A mon grand étonnement, l'intendant se contenta de dire :

— « Je ne lui refuse pas du pain, seulement ce sous-lieutenant eût pu m'en demander plus poliment. »

Lanes me fit signe de ne pas pousser plus loin la dispute, et, comme la phrase même de l'intendant me prouvait qu'il n'était pas très désireux d'entrer dans de complètes explications, je gardai le silence. Lanes dit quelques mots en aparté au général qui me regarda sans rien dire, prit de mes mains le bon de pains, l'appuya sur une des roues de la voiture, le contresigna de son nom et de son grade et le remit à l'intendant en lui disant : « Vous enverrez faire mettre le cachet à la division, ce sera plus régulier. »

Dix minutes après, je rentrai au régiment avec tous mes pains. Je n'entendis plus jamais parler de l'affaire, pas même par Lanes dont j'essayai de provoquer l'approbation par ce mauvais jeu de mot : « La faim justifie les moyens, la faim des autres surtout. »

Le cher commandant ne me dit ni oui ni non, mais je ne doutais pas que, pour lui comme pour le général, mon usurpation de fonction suivie de pillage ne fût déjà passée au rang des péchés effacés.

Quant à mes turcos, à qui leurs compagnons avaient raconté l'algarade, ils me considérèrent de plus en plus comme l'ami intime de Mahomet.

A regarder les choses sans parti pris et à tête reposée — ce qui n'était alors pas du tout mon cas — je me donne à moitié tort et à moitié raison. J'avais raison, parce que cinq minutes plus tard, le convoi en marche emportait le pain de mes soldats; j'avais tort, parce que les insolences étaient au moins superflues, mais un acte de révolte ne s'accomplit pas avec des mitaines.

Les trois quarts des officiers, hormis un petit groupe qui resta neutre, m'approuva. Le capitaine-adjudant major, Le Lorrain, fit plus que m'approuver, il me défendit en se citant pour exemple. Aux violences de langage près, il en avait fait autant pour certaine réquisition de fourrage régulièrement due aux chevaux d'officiers, mais régulièrement refusée par MM. les intendants et irrégulièrement faite malgré eux par le capitaine.

N'empêche que je ne recommanderai à aucun officier de distribution d'adopter mon procédé. Cette saisie-arrêt eût pu me coûter cher sans la silencieuse sympathie du général, sans l'intercession de mon commandant et aussi, n'est-ce pas? sans l'amitié de Mahomet.

En dehors de cet épisode, tant soit peu entaché d'insubordination ou tout au moins d'indiscipline, ma mémoire n'a conservé le souvenir d'aucun fait saillant, durant les quelques étapes qui nous conduisirent de Quingey à Sombacour.

J'ai gardé cependant rancune à certain trou rempli de neige dans lequel je tombai tout de mon long pendant une pénible étape de nuit. Recru de fatigue, je dormais à moitié tout en marchant; un pas de côté me fit sortir de la route et je piquai une tête dans le fossé voisin, d'où je me relevai réveillé en sursaut et poudré à frimas.

Le ressouvenir ou le ressentiment de cette désagréable prise de contact avec la neige glacée me remet en mémoire une attention touchante de mes turcos. A je ne sais plus quel bivouac, j'avais découvert une vieille planche pas assez longue mais assez large ; je l'avais placée en plan incliné sur une pierre et elle m'avait véritablement servi de sommier. Elle m'avait surtout servi d'isolateur, non contre l'électricité, mais contre l'humidité de la terre qui était notre dortoir quotidien.

Les crosses de fusil avaient beau soigneusement balayer l'épaisse couche de neige qui recouvrait le sol et y creuser une sorte de niche proportionnée à la taille du dormeur, le balayage n'était jamais si complet que le fond du sarcophage ne fût plus ou moins revêtu de flocons blancs. La chaleur du corps avait bientôt fait de transformer en nappe d'eau ce mince tapis, et l'on s'éveillait, au matin, les vêtements trempés, les chairs pénétrées, avec une double sensation de froid glacial et de brûlure cuisante.

Heureux d'avoir échappé, cette nuit-là, à cette douche écossaise, je m'étais vanté au réveil de n'avoir de longtemps si bien dormi, et j'en avais attribué tout le mérite à ma bonne grosse planche.

On se met en route. Les kilomètres succèdent aux kilomètres, l'étape est longue, la marche pénible et pour tout repos, encore un bivouac.

Il est certain que l'on ne ménageait pas les tirailleurs, et qu'on nous faisait l'honneur de nous traiter en lascars capables de résister à toutes les épreuves. Mais, si endurant que je fusse devenu, à force de vivre à la dure, la perspective d'une nuit de plus à la belle étoile et d'une nouvelle couchée dans le linceul blanc, m'attristait un peu.

A ma grande surprise, et je l'avoue sans honte, à ma grande joie, je vis tout à coup tomber à mes pieds mon lit de camp de la veille.

C'étaient mes tirailleurs qui avaient tour à tour porté la planche sans souffler mot. Ben Belcassem m'expliqua la chose en ces termes : « Toi dire bien dormir hier, nous vouloir toi bien dormir encore aujourd'hui. Bonsoir, ma lieutenant. »

Je regrettai de ne pas connaître quelque litante d'actions de grâces empruntées au Coran pour remercier mes Arabes comme ils le méritaient, mais mon vocabulaire n'était pas si riche. Ma reconnaissance dut se borner à une main mise sur mon cœur et à un « Kata kérek » trois fois répété.

IV

Depuis certaine nuit du 27 janvier, à la suite de la surprise d'un régiment de mobiles qui faisait le service d'arrière-garde, cette mission protectrice sembla définitivement dévolue aux seuls turcos. Les éclaireurs prussiens nous harcelaient moins que les autres troupes et, plus que les autres troupes aussi, nous traquions sans merci les traînards et les isolés de la colonne.

Hélas! lorsque le désordre se met dans une armée en retraite, lorsque la lassitude des corps est doublée par l'épuisement des volontés et des espérances, il n'y a plus ni exhortations ni exemples qui puissent arriver à maîtriser la brute déchaînée par l'exaspération de la fatigue et de la peur. Adieu le devoir! adieu l'honneur! Adieu la patrie!

Cet état d'effondrement physique et moral explique seul le lamentable spectacle dont je fus témoin à l'entrée du bourg de Sombacour.

La rue centrale était encombrée de soldats de toutes les armes se démenant, protestant, pérorant, hurlant leur éternel : « Nous sommes trahis ! »

Pauvres diables ! c'était surtout leurs forces qui les trahissaient.

Nous nous heurtions là à une véritable barricade vivante faite d'un enchevêtrement d'hommes et de chevaux, se débattant au milieu de prolonges et de canons.

De jeunes officiers plus vigoureux que les autres secondaient de leur mieux un général au visage défait qui, monté debout sur un caisson de munitions, tâchait de donner des ordres, s'évertuant à débrouiller cet inextricable écheveau.

Le commandant Lanes à son tour tenta d'intervenir. Mais ce n'était plus là des régiments en état de reprendre leurs rangs, c'était un infranchissable amas de créatures ahuries et affolées.

Par un phénomène assez fréquent, le courage de la révolte surgissait de toutes ces lâchetés.

Le capitaine Le Lorrain, qui marchait à notre tête, renonça à faire écouler le flot ; il tâcha tout au moins de le traverser.

— « Laissez-nous avancer, si vous n'avancez

pas vous-mêmes, » cria-t-il aux hommes du premier rang.

Ce ne fut naturellement pas ceux-ci qui lui répondirent, ils se contentèrent de ne pas bouger ; mais, à deux ou trois mètres de là, des criées d'injures et de menaces éclatèrent contre nous.

Le commandant Lanes poussa son cheval le plus en avant qu'il pût dans la cohue.

— « Entendez-moi bien, leur cria-t-il, je vous donne deux minutes pour m'ouvrir volontairement un passage ou, sinon, mes tirailleurs s'en feront un à la baïonnette. »

Sans être aussi immédiat que Lanes l'avait espéré, l'effet de la menace n'en fut pas moins assez rapide. Un passage suffisant nous fut ouvert.

Quand nous fûmes arrivés de l'autre côté de cette harde en rut d'épouvante, les turcos reformèrent leurs rangs et le général, qui avait profité du remous pour se dégager s'avança vers Lanes, et sans prendre le temps de le remercier, — l'heure n'était pas aux politesses : — « Portez-vous en avant du village, les Prussiens viennent de faire une reconnaissance de ce côté, il n'y a pas une heure. Etant donné ce qu'ils ont vu, il est certain qu'ils vont revenir faire main basse sur cette débandade. Arrêtez-les quelque temps, le plus longtemps que vous pourrez, pendant que je vais essayer de sauver au moins les canons. Il y a aussi une colonne ennemie signalée sur nos derrières. Avez-vous une vingtaine d'hommes et un officier à envoyer là-bas dans ce bouquet de bois qui commande la route? Si oui, le répit sera encore plus grand et je n'en arriverai que plus sûrement à ramener mes pièces. Vous n'êtes pas directement sous mes ordres, mais... »

Lanes fit de la main un geste de consentement, puis se tournant vers moi : « Voulez-vous aller là haut? » Il me montra du doigt sur sa carte la place à occuper sur la crête d'un bois qui donnait à pic sur la route. « Vous vous y rendrez en contournant le village. Ce sera là aussi votre chemin de retour. Il se peut que je n'aie pas le temps de vous attendre, mais je vous ferai prévenir et vous nous rejoindrez où nous serons, et comme vous pourrez. »

Il parlait ainsi de mon retour avec la même sécurité que Chevert au grenadier de Prague et, comme le grenadier à Chevert, je répondis :

— « Oui, mon commandant. »

Lanes alla se poster sur la hauteur en avant avec le reste du régiment, tandis que mes trente-cinq Arabes, Béchery et moi faisions rapidement demi-tour pour gagner la hauteur en arrière.

V

Par mesure de prudence et pour surveiller ma ligne de retraite, je laissai Béchery en sentinelle au bas du coteau boisé et, distribuant mes hommes en un cordon de tirailleurs aussi étendu qu'il pouvait l'être sans être distendu, je commençai par fouiller le bois avant de me rendre au point désigné. Nous ne rencontrâmes aucun ennemi, pas plus qu'aucune trace d'occupation récente.

Le désarroi de notre pauvre armée leur semblait tel, que les Allemands ne prenaient même plus de précautions.

Ce qui ne veut pas dire qu'ils eussent renoncé aux stratagèmes. Celui qu'ils employèrent ce jour-là est malheureusement encore moins à leur honneur qu'à notre honte.

Tout d'abord, je commençai par ne rien

voir ni à l'horizon ni sur les chemins; cependant, peu à peu, au loin, très au loin, une sorte de nuage rougeâtre commença à s'élever au ras du sol.

« Que le diable m'emporte, si ces couleurs-là ne sont pas de chez nous! dis-je au sous-lieutenant Ahmed Ould Mohammed. Jamais les pantalons noirs n'ont eu de pareils reflets. »

Ould Mohammed prit la lorgnette que je lui passais, regarda longuement, mais l'apparition était encore trop lointaine. En prudent Arabe qu'il était, il se contenta d'un geste dubitatif et me rendit ma lorgnette sans prononcer une parole.

Huit ou dix minutes après, le doute n'était plus permis : c'étaient des pantalons rouges.

Le général s'est trompé, pensai-je, non seulement il ne vient pas de Prussiens par là, mais il nous arrive du renfort, à moins qu'il n'y ait là quelque déguisement ou quelque ruse à la « Arminius. »

Pour plus de sûreté, nous restâmes tous silencieux, couchés en ligne, les armes chargées, tout prêts à faire un feu plongeant aussi nourri que le pouvaient trente-cinq fusils.

Les silhouettes rapprochées commençaient à se dessiner plus nettement. Ben Belcassem s'était tout à coup dressé sur ses pieds par un bond violent et, me faisant signe de venir près de lui : « Chôff, ma lieutenant, pantalons rouges, oui, mais aussi pantalons noirs, et aussi casques pointus. »

Je saisis ma lorgnette, la collai à mes yeux et restai un instant muet de stupéfaction et de douleur. Mon premier cri fut : « Ah! non, non! ce n'est pas possible! »

C'était plus que possible, c'était certain.

La tête de colonne qui s'avançait vers nous et qui n'en était déjà plus qu'à un millier de mètres se composait moitié de soldats prussiens, moitié de soldats français. Ceux-ci couvraient et cachaient ceux-là. « Oh! les misérables! servir de bouclier à l'ennemi, lui servir même de moyen d'approche et de surprise! Quelle trahison! quelle infâmie! »

Ce qui m'exaspérait le plus contre ces indignes Français, c'était l'attitude calme, tranquille et quasi ordonnée de cette colonne mixte. Ils avaient beau être sans armes, la passivité des nôtres ne m'en apparaissait pas moins comme un crime. « Tant pis pour eux! m'écriai-je, ils ne passeront pas plus que les autres, nous tirerons dans le tas. »

Ould Mohammed s'était à son tour emparé de ma jumelle :

— Prousses très nombreux derrière.

— Voilà qui m'est égal! Je te réponds bien qu'ils ne passeront pas comme ça. A surprise, surprise et demie.

Par bonheur, non pour ma conscience qui se sentait en règle avec le devoir militaire, mais pour le repos futur de mon cœur, si tant est que je fusse sorti vivant de cette bagarre, la cruelle exécution me fut épargnée.

Un appel violent de Béchery parvint tout à coup jusqu'à nos oreilles : « Allons, les tirailleurs! Allons, mon lieutenant! » Et il ajouta même, pour plus de clarté ou de sonorité : « Allons, Déroulède! En retraite! »

J'ignore ce qui se passa tout à coup dans l'esprit de mes Arabes, d'ordinaire plus calmes, mais je n'avais pas encore mis un pied devant l'autre que les trois quarts de mon monde étaient partis en courant. Belcassem, Ould Mohammed et deux ou trois autres étaient restés à mes côtés. Je m'adossai à un arbre, résolu à n'en pas bouger.

« Quoi ti faire, ma lieutenant? demanda Belcassem.

— Tes camarades m'abandonnent, ils courent comme des chiens, ce n'est pas battre en retraite cela, c'est fuir ! Moi, je ne fuis pas. »

L'effet que j'attendais de cette démonstration ne se fit pas attendre. Ould Mohammed et Belcassem se mirent à courir, eux aussi, mais ce fut pour me ramener tous les autres. Ils leur criaient à tue-tête : « Arroua fissa ! lieutenant pas content, li pas vouloir courir, arroua fissa. »

En un clin d'œil, encore plus vite revenus qu'ils n'étaient partis, mes Arabes s'étaient tous rangés derrière l'arbre auquel je m'étais adossé. « A la bonne heure ! Vous voilà redevenus des soldats ! Maintenant en marche ! »

Béchery nous avait, paraît-il, appelés depuis longtemps et c'était sa quatrième clameur que nous avions fini par entendre. Il n'avait du reste pas pensé un seul instant à abandonner son poste d'observation avant d'avoir revu nos visages. Les renseignements et l'ordre qu'un sous-officier était venu lui apporter de la part du commandant étaient les suivants : comme renseignements, l'opération du sauvetage des canons était terminée, mais un régiment d'infanterie prussienne occupait le village ; comme ordre, battre en retraite et gagner le bois vis à vis du nôtre en appuyant fortement sur la droite.

VI

En face de nous, sur une colline à droite et au-dessus de Sombacour, s'étendait, en effet, un second bois beaucoup plus grand et beaucoup plus touffu que celui dont nous sortions. La marche y serait difficile, mais bien abritée. Il s'agissait seulement d'arriver jusque-là en évitant,— si faire se pouvait,— toute rencontre.

Une large plaine absolument à découvert nous séparait de notre futur abri. On pouvait la franchir, soit en piquant droit devant soi au pas de course, soit en obliquant fortement sur la droite comme disait l'ordre, mais alors la traversée serait longue, trop longue pour être faite à une allure précipitée.

Je m'arrêtai à ce dernier projet, conforme d'ailleurs à la consigne du commandant.

Pour que mon petit groupe d'hommes fût

moins visible, je le fis former dans un coude à coude étroitement serré. Ce n'était pas le carré classique, c'était une boule allongée en essaim d'abeilles avec Ould Mohammed d'un côté, Béchery de l'autre, Belcassem derrière et moi devant. Je ne crois pas que trente-cinq créatures humaines aient jamais aussi peu tenu de place sur la terre que n'en occupaient mes turcos.

Comme aucune attaque par surprise n'était à craindre, mon peloton aurait toujours le temps de se dérouler.

C'est ce qu'il fit du reste instantanément quand, au milieu du trajet, nous nous rencontrâmes avec une patrouille prussienne. Elle était comme nous sans point d'appui et ne semblait pas plus désireuse que nous d'engager une sérieuse escarmouche. Par acquit de conscience, elle ne nous en envoya pas moins quelques coups de feu auxquels nos tirailleurs, déployés en ligne, ripostèrent par un feu de salve. Les Prussiens se replièrent sur Sombacour, tout en tiraillant, et, en en faisant de même de notre côté, nous reprîmes notre marche oblique, toujours au pas ordinaire, mais cette fois en file indienne. Ni nous, ni nos ennemis ne nous étions réciproquement fait grand mal. Seul, un de mes Arabes, blessé au pied, resta là qui refusa stoïquement de se laisser emporter pour ne pas gêner notre marche.

Le bois vers lequel nous nous dirigions était longé par une route en pente. A mesure que nous en approchions, nous voyions s'agiter de loin une masse confuse qui, par bonheur ou par malheur, n'avait rien d'une force armée.

Le fossé, qui se trouvait au bas du talus et qui était tout rempli de fusils, de sacs et de sabres jetés pêle-mêle, nous révéla bientôt de quelle espèce et en quel état était le ramassis d'hommes que nous allions trouver là-haut.

C'était un mélange de tous les uniformes et de tous les corps, fantassins, artilleurs, chasseurs à cheval, gardes mobiles, lanciers. Leur nombre pouvait être d'environ 180 à 200.

Pourquoi ces fuyards avaient-ils arrêté là leur fuite? Qui le sait? Peut-être notre venue vers eux y était-elle pour quelque chose. Du reste, tous leurs visages et tous leurs yeux étaient tournés de notre côté. Il était visible qu'ils avaient anxieusement suivi les premières péripéties de notre traversée, et qu'ils étaient aussi émerveillés de notre rapide échange de coups de feu avec les Prussiens que de l'allure tranquille de notre marche.

A peine avions-nous gravi le talus, qu'ils accoururent à moi comme un vol de mouches à un gâteau de miel : « Emmenez-nous, mon lieutenant, criaient-ils suppliants, ne nous laissez pas là ! Prenez-nous avec vous ! emmenez-nous ! »

Je compris sur-le-champ tout le parti que je pourrais tirer de ces faibles volontés devenues plus fortes par la contagion de l'exemple.

Leur demande d'être emmenés n'était-elle pas un premier repentir d'avoir fui ?

— « Ecoutez ! leur répondis-je, tels que vous êtes, vous ne valez rien et je ne vous emmène pas ; mais si vous faites ce que je vais vous dire, vous vaudrez quelque chose et je vous emmènerai.

— Quoi, toi, faire de tous ces bêtes sans fusils ? interrompit Barca.

— Justement ! Ceux qui veulent que je les emmène vont aller chercher des fusils et des cartouches. Toi aussi, artilleur, toi aussi, lancier ! Il ne manque ni d'armes ni de munitions dans ces fossés. Je vous donne cinq minutes pour aller vous armer. Mais je vous préviens que tout homme, dont le chassepot n'aura pas son aiguille ni la cartouchière ses cartouches, sera renvoyé à coup de crosse.

— Et où nous attendrez-vous, mon lieutenant ?

— Sur la lisière du bois au pied de ce gros hêtre; mais pas plus de cinq minutes, n'est-ce pas, Barca ?»

Barca grogna une réponse inarticulée, que je fis semblant de prendre pour un consentement. Béchery et Belcassem approuvèrent ma proposition et la firent sans peine accepter par les Arabes.

Ma volée de mouches reprit aussitôt son vol dans un autre sens et j'allai nous garer, mes tirailleurs et moi, au pied de l'arbre désigné.

Très peu de minutes après, une centaine d'hommes bien équipés nous avaient rejoints. L'artilleur en était, le lancier aussi. Ce n'était, évidemment-là, qu'une partie de l'effectif des débandés, mais c'était la meilleure.

Une douzaine de ces pauvres gars avaient poussé la conscience jusqu'à se munir aussi de havresacs et, chose curieuse, c'étaient des moblots !

Je les félicitai chaudement les uns et les

autres et leur fis tout de suite l'honneur de les faire marcher en avant-garde. L'arrière-garde était, comme de juste, formée par mes Arabes.

A la sortie du bois, une alerte me fit bien voir que je tenais toutes ces volontés-là sous la mienne. Une cinquantaine de hulans, qui regagnaient le village vers la gauche, firent mine de se diriger de notre côté.

— « Halte ! Genou terre ! Chargez vos armes ! »

Il n'en fallut pas plus, car les hulans disparurent comme par enchantement; mais, comme par enchantement aussi, toute frayeur s'était envolée : j'avais été militairement obéi.

VII

Nous nous trouvions alors sur un grand plateau sans route tracée, sans lueur de village, sans aboiements de chien et la nuit tombait, de plus en plus noire. La direction à prendre était assurément sur la gauche, mais il fallait se garder de gauchir trop vite sous peine de se heurter à quelques avant-postes ennemis. A la lueur d'une allumette, je consultai ma boussole afin de voir de combien il fallait encore m'écarter de ma route pour ne pas me rapprocher du danger. J'obliquai encore pendant quelques kilomètres.

— « Ce sera une ou deux heures de retard de plus, expliquai-je à Béchery, mais c'est la certitude d'une arrivée à bon port. »

Cette arrivée commençait à se faire attendre et la nouvelle allumette que je venais d'approcher de ma montre m'avait averti qu'il était dix heures passées.

A parler franc, je ne savais plus du tout où nous étions.

Je commençais à craindre que notre détour fût sans retour; lorsqu'au loin, pas très au loin, et droit en avant de nous, s'éleva un bruit bien connu et souvent observé par moi pendant les nombreuses marches en colonne de notre campagne d'hiver.

En roulant sur la neige durcie, les roues des canons commencent à grincer, elles en arrivent à gémir et elles finissent par chanter.

C'est quelque chose d'analogue aux ondes sonores que les enfants s'amusent à faire vibrer en frottant du doigt les bords d'un verre de cristal rempli d'eau.

Le chant est plus ou moins grave, plus ou moins aigu selon la lourdeur des pièces, et mon oreille ne s'y trompait pas. Ce que j'entendais, avec accompagnement de cliquetis de chaînes, c'était bien le « lamento » des canons français.

Une course de 500 mètres au pas gymnastique, quelques « Holà ho! les amis! » criés tout en courant et nous tombons au milieu d'un détachement du 4° chasseurs à pied. Il servait d'escorte à ces mêmes canons dont nous avions couvert la retraite et qui venaient de nous payer leur dette en nous sonnant le ralliement à leur façon.

— « Ah! mille millions de tonnerre! il y a un bon Dieu! s'écria Béchery transporté.

— Un bienfait n'est jamais perdu, conclut Fleury. »

Une heure après, nous arrivions en bon ordre à Pontarlier.

LIVRE VII

DE PONTARLIER AU PAYS DE GEX
✝ PAR LA GORGE DE COVATAN ✝

Campement de débandés. — Fumée sans feu. — Un Pontinalien. — A l'auberge de la Poste. — Un toast. — L'armistice. — Coups de fusils. — L'armée de l'Est oubliée. — La trouée. — Marche de nuit. — Décimés. — Le tambour nègre Abdel Kader. — Au village des Fourgs. — Suprême conciliabule. — Ma protestation. — Pas d'internement en Suisse. — Le commandant Lanes m'approuve. — Adieux aux turcos. — Déguisement. — Attachement compromettant. — Mort du colonel Achilli. — La gorge de Covatan. — Une facétie d'Abdel Kader. — Pays de Gex, pays de France.

1

Rien de plus curieux, rien de plus touchant que la satisfaction orgueilleuse de mes ex-peureux devenus des braves. Ils étaient plus contents d'eux que de moi.

N'empêche qu'ils ne voulaient plus me quitter. Je ne parvins à les dissuader de s'attacher à moi qu'en leur faisant comprendre l'impossibilité où j'étais de pourvoir à leur subsistance. Je leur adoucis mon refus par des compliments sur leur bonne attitude lors de l'apparition des hulans, et je terminai mes éloges par l'affirmation que je les croyais désormais munis d'assez de courage pour ne plus jamais prendre la fuite ni jeter leurs armes.

Il n'y en eut pas un qui ne m'en donnât l'assurance dans des adieux chaleureux et attristés.

Moi non plus, je ne m'en séparais pas sans regrets. J'avais là, sous la main, avec ma vingtaine d'Arabes pour noyau et mes sous-officiers pour écorce, une belle compagnie franche toute formée et déjà très bien formée.

Mais, outre l'autorisation réglementaire dont je me serais peut-être passé, le nerf de la guerre me faisait défaut et ce n'était pas avec les trois ou quatre méchants louis, qui s'entrechoquaient au fond de ma poche, que je pouvais songer à entretenir cette bande d'enfants perdus, si vite et si bien retrouvés.

La grande rue de Pontarlier était obstruée

par une telle cohue, que nous ne pûmes pénétrer dans la ville qu'après de longs détours et par une petite ruelle heureusement déserte.

C'est qu'aussi, le campement d'une troupe en retraite, si l'on peut appeler retraite la décomposition d'une armée, n'est plus qu'un entassement désordonné d'hommes et de canons, de chevaux et de voitures, le tout placé ou tombé pêle-mêle. Beaucoup de soldats, qui avaient leur cantonnement désigné et par conséquent un abri certain, ne le cherchaient même pas. Les uns s'arrêtaient autour du premier feu rencontré, les autres s'affalaient au hasard sur les rebords des trottoirs et restaient là assis et serrés épaules contre épaules, tout grelottants dans leurs tuniques en haillons et sous leurs couvertures en lambeaux.

Les turcos avaient assez peiné depuis quinze jours et aussi ce jour-là, pour avoir droit à un repos plus réparateur et moins malsain.

Je me rendis avec eux à l'hôtel de ville. Malgré l'heure avancée de la nuit, tout un personnel, moitié civil et moitié militaire, y était sur pieds. On s'empressa de satisfaire à toutes mes demandes: un logement me fut indiqué pour mes hommes, un guide volontaire les y conduisit et leur installation fut rapidement faite devant un bon feu où chauffa bientôt une bonne soupe. Je priai l'aimable guide de me procurer, fût-ce à prix d'or, du café et des cigares. Le brave homme me rapporta le tout en un clin d'œil, à un prix de revient où mon or figura pour si peu, que je l'ai toujours soupçonné de s'être mis de moitié dans mon offrande.

Tel, qui m'approuvera pour le café, me blâmera pour les cigares. Mais j'avais vu tant de fois l'utile effet d'une distribution de mauvais soutados offerts à propos ! Souvent, il n'en avait pas fallu davantage, au milieu des pires misères, pour consoler mes grands enfants et ramener quelques mélopées algériennes sur leurs lèvres, un instant avant, muettes et glacées.

C'est assurément un luxe que le tabac, c'en est même un qui s'en va en fumée, mais il n'est pas de superflu plus nécessaire en campagne, en campagne d'hiver surtout. Je n'aurai pas la naïveté de dire que ça réchauffe, mais j'ai la certitude que ça ranime !

Après s'être acquitté, comme je viens de

dire, de mes diverses emplettes, mon infatigable et généreux commissionnaire retraversa tout Pontarlier pour nous accompagner, Béchery et moi, jusqu'à la porte de l'auberge de la Poste où j'allais retrouver les officiers de mon régiment.

Ce bienfaisant patriote s'appelait Viennet ou Venet. Il était, je crois, tailleur de son état. Soit pour lui s'il est encore de ce monde, soit pour ses enfants s'il en a laissé, je renouvelle ici les actions de grâces que j'adressai alors au brave Francomtois avec une brièveté justifiée par les circonstances et une faim canine.

Mon entrée dans la salle de l'auberge fut accueillie par une explosion de joyeuse surprise et de très cordiale bienvenue. Il y avait beau temps que les camarades ne me chicanaient plus sur ce qu'ils appelaient jadis le rapide décrochage de mes galons. De Sémelé poussa la joie jusqu'à m'envoyer dans le dos une bourrade à me démancher l'épaule, et le commandant Lanes m'incrusta ses dix doigts dans le bras, tout en me posant cette question :

— « Combien revenus ?

— Tous, mon commandant, hormis un

seul, Djilali Ben Achmi, blessé au pied, et tous déjà chauffés, logés et nourris, hormis deux : Béchery et moi. »

Place nous fut aussitôt faite auprès du feu; où nous furent très vite apportés une écuellée de soupe à l'oignon, deux fortes tranches de jambon fumé, et un large carré d'excellent fromage, le tout agrémenté d'un vin du pays plus que potable.

Quant au café, il n'en restait plus une goutte; mais quelqu'un proposa et tous acceptèrent le pique-nique d'un punch général.

Il y avait là, outre les officiers de tirailleurs, un certain nombre d'officiers de chasseurs à pied et plusieurs camarades de la mobile charentaise. Il fut convenu que, bien qu'à frais commun, le régal aurait lieu au moins de frais possible; la plupart des poches étaient à peu près dans l'état de la mienne, et le paiement de la solde n'apparaissait plus que comme une hypothèse hors de vraisemblance.

Sans y mettre autant du sien que le bon tailleur, l'aubergiste se contenta de ce qu'on lui offrit.

Un grand chaudron de punch fut apporté, on y jeta quelques tranches de pommes en guise de citron, et un dernier regain de belle humeur secoua un instant l'âme endolorie de tous ces vaincus.

On but à des jours meilleurs, ce qui n'était pas beaucoup dire ; on but aussi à de prochains combats, ce qui était dire beaucoup plus; enfin, l'un de nous — non pas moi, hélas! — mais l'un de nous, plus vaillant que moi, eut la juvénile audace de boire « à la Victoire ! »

Quel que fût celui-là, c'était à coup sûr un vrai soldat. De vrais soldats aussi furent ceux qui, en grand nombre, saluèrent de leurs vivats l'évocation de cette Déesse si peu connue de nous depuis tant de mois, et que nous ne devions guère connaître davantage pendant tant d'années.

II

Au lever du jour, on se remit en route sans avoir dormi, mais plus reposés peut-être par ces songes d'espérance que par un long somme.

Au moment où la brigade entrait dans le village de Houtaud, un officier d'état-major, dont le cheval lancé au galop avait tumultueusement ouvert et traversé nos rangs, accosta le général Y... dont la sciatique avait, paraît-il, disparu et qui avait repris son commandement depuis la veille.

La nouvelle suivante circula bientôt d'un bout à l'autre de la colonne : un armistice de huit jours avait été signé à Paris pour toutes les armées en campagne.

Le général réunit sur-le-champ les chefs de corps. Il indiqua à chaque troupe les cantonnements à aller prendre, et chaque détachement se mit en route pour gagner son gîte.

Je dois dire, à l'honneur de notre brigade qui était cependant une des plus éprouvées, que la suspension des hostilités, présage de leur cessation définitive, fut accueillie en silence.

Il n'y eut pas une seule manifestation de satisfaction, non pas même parmi certain régiment voisin, qu'à maintes reprises les turcos et moi avions entendu réclamer la paix sur un mode tant soit peu véhément.

C'est qu'aussi, à la sentir là si prochaine, si probable, si immédiate, chacun se demandait si cette paix, souhaitée par quelques-uns aux jours de défaillance, n'allait pas être la paix sinistre, l'inacceptable paix écrasante et dévastatrice.

Qu'allait devenir la France? Quel lambeau de sa chair allait-on lui arracher? Quelle rançon de honte et de douleur exigerait-on d'elle?

La protestation de Jules Favre, encore inconnue de nous, était spontanément venue aux lèvres de tous les officiers. Oh! non! pas une parcelle de territoire! Qu'ils prennent tout l'argent qu'ils voudront, qu'ils saignent la Patrie aux quatre veines puisqu'ils sont vainqueurs, mais qu'ils ne la mutilent pas! A cela, aucun Français vivant ne peut consentir et, pour que cela ne soit pas, tous les Français valides doivent lutter « quand même. »

Tels étaient, à de très minimes exceptions près, le langage et la pensée de chacun. Ceux qui étaient d'un autre avis n'osaient pas l'exprimer, et on n'aurait pas voulu les entendre.

Le cantonnement qui nous avait été assigné était situé à l'extrême droite, en avant et au pied du fort de Joux.

Notre détachement se composait de trois

compagnies. Il était précisément commandé par le capitaine X**, de Montbéliard. Il avait fini par me pardonner ce qu'il avait appelé ma veine et j'avais, depuis longtemps, oublié sa mauvaise chicane et ses méchants propos.

La petite colonne marchait au pas de route, le fusil en bandoulière, elle avançait cahin-caha sur les chemins toujours neigeux.

Nous causions philosophiquement ou plutôt sans aucune espèce de philosophie, mon chef de groupe et moi, sur la navrante situation où se trouvait notre pauvre et cher pays.

A deux cents mètres environ du village où nous allions gîter, voilà qu'apparaissent, de droite et de gauche, deux compagnies prussiennes qui se déploient en tirailleurs, mettent genou en terre et nous envoient une première décharge qui blesse deux hommes.

Le capitaine X** tire son mouchoir faute de mieux, le déploie en bannière et s'avance au pas de course jusqu'à l'un des officiers, qui fait cesser le feu.

Nous nous arrêtons sur place, assez surpris de cette façon de pratiquer une suspension d'armes.

L'officier prussien recevait notre parlementaire fort courtoisement autant que nos lorgnettes nous permettaient d'en juger, mais il était aisé de reconnaître, à leurs gestes, que les deux interlocuteurs n'étaient pas d'accord. Un instant après, un officier général les rejoignit, tenant en main un papier qu'il mettait sous les yeux du capitaine.

Celui-ci salua et revint vers nous fort décontenancé. Sa stupéfaction était, non sans raison, mêlée de colère.

— « L'armistice ne s'applique pas à nous! Vos bons amis politiques, dit-il, en s'adressant directement à moi, ont tout bonnement oublié l'armée de l'Est. Le général allemand, à qui j'ai expliqué notre méprise, veut bien n'en pas profiter ; mais nous n'avons qu'à faire promptement volte-face, si nous ne voulons pas être pris comme des rats dans une ratière.

— Pris comme des rats! criait Béchery, c'est facile à dire!

— Ce serait aussi facile à faire. Ils ont de la cavalerie dans le village. Allons! en route ».

Je baissai la tête, aussi honteux que désolé de l'aventure, mais je ne répliquai pas. Et, en vérité, qu'eussé-je bien pu dire?

Nous rejoignîmes en hâte deux petits villages contigus, réunis en un seul sous le nom d'Oye-et-Pallet, où nous savions que devait se trouver le commandant Lanes avec les autres compagnies du régiment. Il fut non moins stupéfait, non moins irrité. Mais nous avions beau « n'avoir pas idée de ça ! » c'était plus qu'une idée, c'était un fait.

Le capitaine X*** compléta ses renseignements par l'avis, à lui donné, que les Prussiens se considéraient, d'ores et déjà, comme en droit de poursuivre les hostilités.

Lanes fit prévenir le général Y... et l'on prit aussitôt des dispositions de combat ; car il pouvait y avoir encore à combattre.

Je fus envoyé en avant-poste au bas du village, dont les premières maisons furent mises, tant bien que mal, en état de défense.

III

Que se passa-t-il durant cette journée ? Je l'ignore absolument, n'ayant eu de contact avec qui que ce soit, non pas même avec l'ennemi qui n'apparut d'aucun côté.

A la tombée de la nuit, Lanes nous fit rappeler. Je reçus, sans autre commentaire, l'ordre de faire manger et dormir mes hommes.

J'allai en faire autant de mon côté chez un brave villageois, dont la petite maison était déjà envahie par une demi-douzaine de camarades, et qui n'en trouva pas moins une botte de paille à m'offrir dans un coin de la chambre, comme il avait su trouver dans le coin d'une armoire un mion de pain et une tranche de lard.

J'étais si las que je tombai endormi comme une masse. Bien me prit de n'avoir pas perdu de temps à méditer sur nos misères, car, si mon sommeil fut profond, il fut court. A minuit Béchery vint me réveiller.

— « Debout, mon lieutenant, on part !
— Et pour où part-on ?
— Je ne sais pas ; mais ça sent le coup de chien.
— Tant mieux ! attendez-moi une seconde. »

Je pris mon calepin, j'y écrivis deux mots de tendresse et d'adieu pour les miens et je les glissai en hâte sous une enveloppe. Puis, me délestant de mon dernier bagage, si petit qu'il fût, je déposai entre les mains de mon hôte ma sacoche contenant un inutile guide en Allemagne, mes clefs, écrasées par la balle de Montbéliard et mes lunettes bleues de Breslau, avec la mission de faire parvenir le tout à l'adresse que je laissais.

Les tirailleurs étaient rangés à la sortie du village, du côté opposé à celui par lequel j'y étais entré la veille.

A droite et à gauche de la route, un autre régiment avait formé les faisceaux et se réchauffait autour des feux de bivouac flambants à pleines flammes.

Aux boutons d'argent et aux collets jaunes, je reconnus la Légion étrangère. Comme nous nous disposions à nous mettre en marche, un vieil officier à longue barbiche grise me prit par le bras. Pourquoi moi plutôt qu'un autre? Je ne sais. Sans doute, parce que je me trouvais en tête de la colonne ou peut-être parce qu'il m'avait entendu demander au commandant s'il y allait réellement avoir un coup de chien.

Il me prit le bras, m'attira vers lui d'un geste presque brutal et me dit en me regardant dans les yeux :

— « Vous savez ce que vous faites dans ce moment-ci? Vous fuyez comme des lâches, et vous allez laisser tuer ceux qui ne s'en vont pas. »

Sans m'occuper de ce que l'apostrophe

avait d'injurieux, je me dégageai de son étreinte, et je courus jusqu'au commandant, qui était à cheval à quelques pas de là ; je lui répétai le propos et le suppliai de me dire s'il était vraiment vrai que nous fuyions, lui déclarant que, dans ce cas, je restais avec ceux qui ne s'en allaient pas.

Lanes me répondit impérieusement : « J'exécute les ordres qu'on m'a donnés ; exécutez ceux que je vous donne. Suivez ! »

Bien que la réponse n'eût rien de rassurant pour mon angoisse, elle était trop péremptoire pour être discutée. Je m'éloignai en baissant la tête. Lanes eut sans doute pitié de moi, car il me rappela d'un geste et ajouta très grave : « Non, nous ne fuyons pas, je ne peux pas croire que nous fuyions. Mais l'armée de l'Est est entourée d'un cercle de fer dans lequel nous allons tâcher de nous ouvrir une trouée.

— Merci, mon commandant ! »

Je rentrai dans le rang, un peu moins honteux, mais non pas moins triste.

Le régiment marcha toute la nuit sans repos, sans halte, sans arrêt, marche terrible à travers champs, hors de toute route, avec de la neige jusqu'aux genoux.

Nos Arabes eux-mêmes n'en pouvaient plus. J'en ai vu tomber sur la neige qui refusaient de s'en relever et qui ne s'en relevèrent jamais.

Enfin, au petit jour, épuisés, rendus, décimés, plus décimés que par une bataille, nous arrivons dans un village qui s'appelait les Fourgs.

IV

Le village des Fourgs était, j'allais l'apprendre dans un instant, mais je l'ignorais alors, le dernier village français; ses dernières maisons touchaient la frontière suisse.

J'étais trop harassé de fatigue pour poser à personne aucune question. Je ne m'en posais pas à moi-même. Je croyais toujours au coup de chien annoncé et je songeais douloureusement aux épaves humaines dont nous avions jonché la route.

Un tambour de la compagnie, un grand nègre du Soudan, Abdel Kader Ould Salem, qui comptait à la section hors rang et que je n'avais guère vu avant ce jour-là, vint me trouver sur le bord de la route où nous étions assis.

— « Moi, vouloir parler à toi, ma lieutenant.

— Parle !

— Moi, avoir jeté tambour cette nuit parce que moi bien fatigué, mais moi avoir gardé fusil. Moi venir avec toi, si toi vouloir.

— Je veux bien.

— Alors moi, pas puni ?

— Non, toi pas puni. Assieds-toi là, repose-toi et fume ça.

Je lui donnai un de mes derniers cigares.

— Moi bien content, moi plus quitter toi. »

D'heure en heure, nous vîmes arriver d'autres régiments, puis d'autres brigades, qui s'échelonnaient comme nous le long de la route. Enfin vers midi, tous les officiers de toutes ces bandes de miséreux, qui n'étaient vraiment plus des soldats, furent convoqués dans une grange où se trouvaient déjà réunis le général Y... et son état-major.

— « Messieurs, nous dit le général, nous voilà sortis du cercle dans lequel les Allemands espéraient nous renfermer. Il serait absurde, il serait insensé, il est impossible de penser un seul instant à continuer la campagne. Nous n'avons devant nous que cette alternative : ou capituler tout à l'heure avec les Prussiens qui nous suivent de près, ou passer immédiatement la frontière, qui est à 500 mètres de ce village, et nous rendre en Suisse, où nous serons désarmés et internés. »

Ma douleur éclata en une protestation véhémente : « Le colonel de la Légion avait raison. Nous avons fui comme des lâches! Et, comme des lâches, encore, nous allons nous réfugier en Suisse! Je ne veux être, moi, ni prisonnier suisse ni prisonnier allemand. Ce n'est pas pour cela que je me suis évadé de Silésie au péril de ma vie, ce n'est pas pour cela que j'ai fait cette nuit l'horrible étape où nous avons perdu tant des nôtres!... »

Lanes était venu se placer à côté de moi et, comme un conseil d'abord, puis comme un ordre, il me murmura à demi-voix : « Silence! je vous en prie! Silence! »

Moins ému que lui et que moi, le général Y..., qui se sentait d'ailleurs soutenu par un assentiment à peu près unanime, haussa les épaules et se contenta de répondre : « Vous avez parlé avant votre tour,

Monsieur, votre grade ne vous permettait pas cette intervention. Enfin, soit! Vous avez donné votre avis, n'est-ce pas? Je veux bien oublier dans quels termes, mais je vous ordonne de vous retirer. »

Sans me laisser le temps de répliquer, le commandant m'avait entraîné hors de la grange. Le désespoir succéda à la colère. J'éclatai en sanglots.

« Oui, je comprends! je comprends! me disait Lanes; mais ni vous ni moi, nous n'y pouvons rien. Seulement, moi non plus, je ne veux pas être interné en Suisse et encore moins prisonnier en Allemagne. Je conduirai mon bataillon et vous conduirez vos hommes là où on nous dira de les conduire, parce que tel est notre devoir. Après quoi, nous serons libres d'en agir à notre guise et d'aller retrouver une autre armée. Notre triste besogne, une fois faite, venez m'attendre sur la place de l'Église. Je vous y rejoindrai, et nous nous mettrons en route pour Bordeaux. »

Ces amicales paroles et cette perspective d'une autre armée à rejoindre me consolèrent.

Je ne pus, cependant, pas m'empêcher de répéter que je regrettais de n'être pas resté là-bas avec la Légion.

La conférence de la grange ne se prolongea pas longtemps.

Les officiers rejoignirent leur régiment et en passant, le commandant Lanes me répéta l'ordre de conduire mon détachement jusqu'à la frontière et de revenir l'attendre comme il était convenu.

J'exécutai de point en point la consigne donnée. Mais quand Béchery, Fleury et Beauménil, quand mes chers compagnons de combat, Arabes et Français, m'entendirent leur dire adieu et me virent rebrousser chemin avant d'avoir franchi la ligne de démarcation, ils coururent tous après moi. A mes vieux soldats, comme naguère à mes jeunes recrues de Sombacour, il me fallut expliquer que j'étais obligé de me séparer d'eux faute de ressources, ne pouvant ni leur permettre de vivre sur le pays, qui n'était pas pays ennemi, ni les faire vivre sur ma bourse qui était à peu près vide. Tout ce à quoi ils arriveraient en me suivant malgré moi, ce serait à m'empêcher de mettre à exécution et de mener à bonne fin le projet que j'avais formé d'aller reprendre du service. Ils ne le comprirent pas sans peine, mais ils le comprirent.

Je m'excusai de ne pas partager avec eux

le peu d'argent qui me restait et qui allait me servir de viatique, et ils comprirent aussi cela beaucoup plus aisément que le reste. De chaleureuses accolades, de suprêmes bons vœux furent échangés, puis chacun suivit sa route.

Je regardai longuement s'arracher de moi, et disparaître peu à peu dans le lointain, cette poignée d'hommes qui avaient été, depuis trois mois, les bras de mes bras et le cœur de mon cœur.

Le commandant Lanes me rejoignit bientôt à l'endroit indiqué.

— Nos pauvres tirailleurs ! me dit-il à son tour, tout ému. Nous ne retrouverons pas cela de longtemps, nous ne retrouverons même cela nulle part.

— Bah ! fis-je, reprenant un peu possession de moi-même, nous retrouverons la France et nous retrouverons aussi des Français, dont nous ferons de bons soldats.

— Écoutez, poursuivit Lanes, et n'allez pas vous récrier. Il ne faut pas penser à traverser les lignes prussiennes avec nos uniformes. Il ne faut même pas penser à les traverser du tout. Nous allons chercher dans le village de quoi nous déguiser en paysans, ceci fait, nous gagnerons la station suisse la plus prochaine, qui est Yverdun, et nous rentrerons en France en chemin de fer. A moins qu'il ne vous paraisse indigne de vous déguiser, et que vous ne mettiez votre honneur à attendre les Prussiens de pied ferme?

— Je suis bête, lui répondis-je, mais pas si bête que ça. Du reste, est-ce que ma houppelande aux galons d'or n'est pas elle-même un reste de travestissement? Seulement, où allons-nous trouver le marchand d'habits?

— A la buena de Dios! répondit l'ancien soldat du Mexique. Nous verrons bien si nous avons la main heureuse. »

Et comme j'avais jadis fait à Liebau, il s'adressa au premier passant qui traversa la place.

C'était le maréchal ferrant du bourg, un nommé Félix Bulle, qui ne perdit pas son temps en vaines protestations. Il nous conduisit tout droit à son logis et offrit à Lanes la blouse, le pantalon et la casquette rêvés. Mes rêves à moi étaient plus difficiles à réaliser vu ma taille, mais le brave maréchal se souvint fort à propos qu'il avait pour compère un grand diable de cordonnier appelé François Saget, dont la longueur égalait la mienne. On s'en fut donc chez le cordonnier, qui me revêtit de son plus long sarrau et d'un pantalon de toile que j'enfilai par-dessus le mien.

Comme nous sortions de la cabane de Saget, nous nous heurtâmes au tambour nègre, Abdel Kader Ould Salem, qui arrivait tout essoufflé.

« Qu'est-ce que c'est, ma lieutenant? Toi quitter moi? Moi, pas quitter toi! Moi makasch soldat suisse! soldat français, kif kif comme toi! Moi, prendre grande chemise bleue kif kif comme ma commandant et comme ma lieutenant. Toi, pas marchir sans moi et si toi pas donner chemise bleue, moi suivre toi tout comme ça. »

Plus têtu qu'un bourricot de son pays, Ould Salem ne voulut pas démordre de son idée.

De guerre lasse et surtout pour qu'il ne s'avisât pas de nous suivre en uniforme, je finis par céder et je demandai à François Saget, chez qui nous rentrâmes, si sa générosité ne pourrait pas aller jusqu'à costumer, en même temps que moi, mon interminable et inséparable tambour.

Bulle et Saget essayèrent bien, eux aussi, de faire comprendre au négro le péril que nous ferait courir son attachement. Ils lui expliquèrent que la plus longue blouse du monde et le plus large chapeau ne changeraient rien à la couleur de sa figure, mais Boule de neige était buté et, à moins de l'amarrer de vive force aux anneaux de la forge, il n'y avait vraiment qu'à le laisser faire.

La seule condition que je mis à cette escorte compromettante fut qu'il marchât toujours à plus de cent pas derrière nous. Il le promit et une délicate attention de sa part me récompensa sur l'heure de ma concession.

Lorsque mon turco vit par terre ma capote d'astrakan, mon sabre et mon képi que j'avais été forcé d'abandonner : « Pourquoi, toi, laisser tout ça ? moi, pas vouloir ton sabre être prisonnier des Prousses. Monsir, dit-il, en se tournant vers Saget, toi donner à moi grand musette, moi mettir tout ça dedans et l'emportir. »

Un risque de plus, ou de moins ? Je ne voyais pas en quoi l'astrakan de ma houppelande nous exposait et le compromettrait beaucoup plus que la laine noire de ses cheveux, étant donnés surtout les cent pas d'intervalle convenus.

J'acceptai donc une offre qui n'était pas sans me toucher. Félix Bulle alla réquisitionner un grand sac chez un deuxième voisin et, après que le commandant eut bien étudié sur la carte les sentiers à prendre pour arriver sans malencontre jusqu'à Yverdun, nous nous mîmes en chemin, avec Ould Salem en extrême pointe d'arrière-garde.

Notre séparation d'avec nos deux bienfaiteurs ne se fit naturellement pas sans de chaleureux remerciements, d'autant plus chaleureux qu'ils se refusèrent à rien recevoir en échange de leurs bienfaits.

Ce désintéressement venait à son heure, car le commandant Lanes n'avait que 83 fr. 50 en poche et son sous-lieutenant que trois louis et demi; en tout 153 fr. 50; ce qui n'a jamais mené trois personnes bien loin, surtout en chemin de fer.

Avant de quitter le village par le petit chemin détourné, que nous avaient indiqué nos deux amis, nous vîmes rouler pêle-mêle vers la Suisse une dernière avalanche de traînards qui pressaient le pas en tournant la tête de temps à autre, tandis qu'à l'horizon ensoleillé surgissaient, dans leur rayonnement de gloire, les pointes de cuivre des casques noirs.

C'en était fait de l'Armée de l'Est.

Pauvre petite Armée! Instrument de guerre bien incomplet, aux rouages mal engrenés, encore plus mal entretenus, mais qui n'en avait pas moins obtenu des effets utiles et tenté des efforts désespérés.

L'oubli que le gouvernement de Paris avait fait d'elle, lors de la signature de l'armistice, fut une lourde faute.

Ceux qui l'ont commise sont et resteront responsables, devant l'histoire, de la disparition et de la perte de 30,000 combattants, dont une trêve de huit jours eût réparé les forces et aurait refait des soldats.

Encore, cette déperdition d'hommes vivants, enfouis dans la semi-captivité d'un internement en Suisse, est-elle moins déplorable que la perte de tant de Français ensevelis sous la neige, pendant la course folle de notre fuite nocturne.

Car le colonel de la Légion ne s'y était pas trompé; l'injure qu'il nous avait jetée au passage était un cri de justice et l'annonce de sa mort, une prophétie.

J'ai appris, depuis, son nom et, en même temps que son nom, son héroïsme.

Il s'appelait le colonel Achilli.

Laissé à l'arrière-garde, pour couvrir la retraite et retarder la poursuite des Prussiens, il avait lutté jusqu'au soir. La position qu'il occupait et qu'il défendait ne me revient pas à la mémoire ; mais voici ce qui m'y revient et y reste à jamais gravé :

Un officier, qui était auprès de lui et qui voyait s'éloigner successivement tous les régiments, sans que l'ordre fût donné à la Légion de suivre le mouvement, demanda : « Tout le monde s'en va, mon colonel, et nous, qu'est-ce que nous faisons ?

— Nous ? nous restons en France !

— Mais nous allons nous faire tuer jusqu'au dernier ?

— C'est ce que je vous dis. Nous restons en France ! »

A quatre heures et demie du soir, le héros tombait frappé d'une balle au front en repoussant la troisième attaque d'une colonne prussienne....

Le colonel Achilli est resté en France !

VI

La gorge de Covatan, avec sa falaise rocheuse taillée à pic et son torrent brutal où roulaient alors des glaçons, est peut-être un des sites les plus admirables de la très admirable Suisse. Que de fois Lanes et moi avons interrompu nos lamentations sur le passé et nos élans vers l'avenir pour nous laisser aller à d'enthousiastes exclamations sur les splendeurs du pays que nous traversions ! Que de fois, si pressés que nous fussions de regagner la France, nous nous sommes arrêtés en extase, ravis, sinon consolés, et presque oublieux pour un instant de nos douloureuses préoccupations !

Mais, si l'admiration d'un paysage et le plaisir des yeux, quel qu'il soit, gardent en eux-mêmes quelque chose d'élevé et de désintéressé, je n'ai pas le droit d'en dire autant de la satisfaction d'ordre inférieur que m'inspira la vue d'un chalet ni de la réflexion, plus que terre à terre, qui s'en suivit.

— « Est-ce que vous n'avez pas faim, mon commandant ? »

Heureusement pour moi, le commandant fit une réponse affirmative à ma question, non moins qu'à ma proposition d'aller frapper à la porte du chalet.

La jatte de lait, le morceau de pain bis et le pot de miel, sitôt apportés, furent sitôt dévorés par nous comme par deux ours.

La brave Suissesse, qui nous servait, restait effarée de ces appétits de meurt-de-faim.

Qu'y faire ? « L'homme n'est ni ange ni bête », a dit Pascal. Ce qui revient à dire, je crois, que nous sommes à moitié ange et à moitié bête. Cette seconde et vilaine moitié, une fois repue, la première moitié, la meilleure, reprit le dessus et je me rappelai qu'il y avait là-bas, sur la route à cent mètres de nous, fidèle observateur de la consigne donnée, un grand dogue noir, dont les dents devaient être tout aussi longues que les nôtres l'étaient naguère.

Je sortis de la cabane et j'appelai Abdel Kader de toute la force d'une voix réconfortée. Abdel Kader ne fit ni la sourde oreille, ni la petite bouche; il accourut, lui aussi, « *autre bête affamée,* » absorber sa lampée de lait, sa tartine de miel et son quartier de miche.

Pendant qu'il mangeait, je lui renouvelai mes instructions :

« Tant que nous ne serons pas en France, ne pas nous connaître, ne pas nous parler, ne faire appel à nous sous aucun prétexte, ne pas même nous regarder, ni nous adresser le moindre clin d'œil. »

Abdel Kader ne contrevint à la consigne que pour le clin d'œil. Mais il faut dire aussi que c'est à la suite d'une petite aventure, dont il se tira beaucoup mieux que nous n'eussions pu le supposer.

Nous avions enfin atteint le bourg d'Yverdun où se trouvait la station. Par un quiproquo, rendu excusable en raison des deux cabarets qui se trouvaient sur la place, Abdel Kader entra précisément dans celui où nous étions déjà installés, en attendant le train.

Il fit mine de ne pas nous voir, s'assit tranquillement dans un coin de la salle et demanda un verre d'eau. Un groupe de soldats suisses se trouvait à une table non loin de lui. « Tiens ! regardez donc ce turco ! » dit sans y mettre, je crois, grande malice un jeune sous-officier qui se trouvait là.

— « Moi makasch turco, protesta vivement Abdel Kader Ould Salem.

— Comment! tu n'es pas soldat dans un régiment d'Afrique?

— Moi makasch soldat, makasch Africain, moi Am'ricain.

— Américain, Africain ça m'est bien égal, répartit l'autre, mais, si tu n'es pas soldat, qu'est-ce que tu es?

— Moi michel fertier, moi mettre souliers à chevaux. »

Les miliciens se consultèrent pour trouver le sens de cette énigme : « Souliers à chevaux? michel fertier? Ah! maréchal ferrant, veux-tu dire?

— Maréchal ferrant, michel fertier, kif kif.

— Quelle chance! s'écria un paysan. Ma jument vient de se déferrer et tu vas remplacer notre maréchal, qui est justement de service à la frontière. Je vais te faire donner un morceau à manger et puis tu viendras ferrer ma bête. »

Ould Salem ne souffla pas mot, se laissa servir le morceau à manger qui fut copieux, but sans sourciller son pichet de vin, afin, sans doute, de mieux convaincre l'assistance qu'il n'était pas un sectateur de Mahomet, mais, quand le repas fut fini, il resta immobile sur son siège.

— « Eh ! ben mais ! je t'attends, dit le paysan qui était déjà debout.

— Pas ojord'hui, répondit Ould Salem, toujours immobile.

— Comment, pas aujourd'hui ? Mais c'est aujourd'hui que j'ai besoin de toi. Tu ne supposes pas que je t'ai payé à dîner pour ne rien faire ?

— Quand toi dire à moi, moi manger un morceau, moi pas dire à toi non ! mais quand toi dire à moi, moi ferrer ton bête, moi pas dire à toi oui. »

Et, résolument, Oud Salem se carra de plus en plus sur sa chaise.

— « Qu'est-ce que c'est que cet animal-là ? cria l'homme.

— Moi makasch animal, ripostait avec flegme le turco, moi michel fertier, mais pas ojord'hui. »

Le public, qui s'amusait de la petite scène, aima mieux rire aux dépens de la dupe que d'épouser sa querelle contre le grand négro.

Le sous-officier suisse prit également la chose du bon côté et se contenta de dire à son concitoyen doublement déferré : « Voilà ce que c'est de manquer de prévoyance, père Antoine, il fallait lui donner à manger après, mais non pas avant. »

C'est à ce moment précis qu'Abdel Kader, enchanté de sa plaisanterie, nous avait lancé le triomphal clin d'œil dont j'ai parlé plus haut.

La cloche du chemin de fer annonça l'approche du train.

De guerre lasse, le père Antoine avait fini par se retirer, et mon ex-tambour nous rejoignit sans encombre à la station.

Comme je l'avais muni de l'argent voulu et des indications nécessaires, je continuai à ne pas m'occuper de lui, qui continua à ne pas nous connaître jusqu'à notre arrivée au pays de Gex, qui est, comme on sait, pays de France.

LIVRE VIII

✝ DE GEX A BORDEAUX PAR TOULOUSE ✝

Le père aux quatre fils. — Joie fait mal et joie fait peur. — Actions de grâce. — Conseils pratiques. — Disparition du tambour nègre.

I

Depuis le 13 février, la délégation du gouvernement de la Défense nationale avait transféré son siège à Bordeaux. C'était donc là que nous devions nous rendre, le commandant et moi, pour demander et recevoir une nouvelle destination militaire.

Mais de Gex à Bordeaux, le chemin de fer passe par Toulouse, et Toulouse était la ville où le vieux capitaine Marc Lanes, père du commandant Louis Lanes, du capitaine Julien Lanes, du lieutenant Marcel Lanes, et du sous-lieutenant Henri Lanes, était venu planter sa tente depuis sa mise à la retraite.

Malgré la hâte que nous avions de reprendre du service, si reprise possible il y avait, le commandant Lanes ne pouvait pas ne pas faire une halte au foyer paternel, dût-il ne s'y arrêter qu'entre deux trains. « Seulement, me dit-il, mon père est très vieux, il est, de plus, atteint depuis ces dernières années d'une maladie de cœur et je ne peux pas paraître brusquement devant lui, sans risquer de le tuer du coup. Vous allez me servir de messager. Vous le préparerez peu à peu à mon apparition. Vous laisserez la porte ouverte derrière vous quand vous serez entré et j'attendrai, l'oreille au guet, le moment propice pour me faire voir. »

La mission était plus que difficile. Un mot trop tôt dit, une affirmation trop tôt donnée et c'était moi qui allais faire éclater de joie, jusqu'à se rompre, ce pauvre cœur malade.

Nous étions arrivés à Toulouse à la nuit close. Quand je sonnai à la porte du numéro 3 de la rue Ninau, ce fut le vieux capitaine qui vint lui-même m'ouvrir.

Vêtu d'une redingote devenue flottante, un large ruban rouge à la boutonnière, encore très droit, sous ses 72 ans, mais très pâle sous des cheveux très blancs, le vieil officier fixa sur moi ses yeux clairs, leva jusqu'à mon visage hâve et promena sur mon étrange accoutrement la petite lampe qu'il portait à la main et me barrant le passage : « Qui êtes-vous ? me dit-il d'une voix forte. Et que venez-vous faire chez moi à pareille heure ? »

Je vis bien à son accent et à son attitude que ce ne serait pas en tous cas la peur qui lui donnerait de l'émotion. Je ne lui dis pas mon nom, qui ne lui eût rien dit, mais je lui expliquai que j'étais un sous-lieutenant de tirailleurs, que je venais de l'armée de l'Est et que je m'étais ainsi déguisé pour rentrer en France.

Le digne vieillard se confondit en excuses, me tendit la main et me conduisit dans un petit salon où brillait un bon feu. Il m'avait certainement pris tout d'abord pour un bandit.

Un livre de prières, dont j'avais interrompu la lecture, et ses lunettes d'argent étaient placés sur un coin de la cheminée. Je pris la précaution de lui laisser déposer la lampe. A deux reprises déjà, j'avais feint de ne pas entendre sa question deux fois répétée : « Dans quel régiment de tirailleurs étiez-vous sous-lieutenant, mon jeune camarade ? »

Selon les instructions de mon commandant, j'avais laissé entre-bâillée la porte d'entrée et je n'avais pas fermé non plus celle du salon. Un léger craquement du parquet m'avertit que le fils n'était plus bien loin du père. Je répondis alors hardiment : « J'étais dans le régiment, j'étais dans le bataillon du commandant Lanes. »

Comme j'avais refusé de m'asseoir, le capitaine aussi était resté debout; ses jambes tremblèrent, et il s'appuya tout chancelant sur une petite table derrière lui. Je commençai, moi aussi, à trembler.

— « Alors vous avez vu mon fils Louis? Vous l'avez vu... il y a longtemps ?
— Il y a peu de temps.
— Pas blessé ?
— Non, capitaine, pas blessé !
— Prisonnier ?
— Non, pas prisonnier non plus. »

Il eut sans doute été plus simple d'aller

plus vite, mais les mots ne me venaient pas et mes paroles sortaient tout de travers, épouvanté que j'étais par la pâleur livide du vieillard et obsédé par l'idée que je pouvais le tuer du coup, comme m'avait dit le commandant.

— « Vous n'osez pas parler, reprit-il avec effort, mais si Louis n'est ni prisonnier, ni blessé, il est... »

Je n'eus que le temps de le saisir à bras-le-corps : « Mais non, capitaine ! il est vivant ! Je crois... je suis même sûr qu'il est en route pour venir vous voir. Je ne serais pas étonné qu'il fût bientôt là, je suis même étonné qu'il n'y soit pas... j'en suis même très étonné ! »

J'en étais surtout navré, ne sachant vraiment que faire, pour ranimer ce pauvre corps défaillant que je sentais défaillir de plus en plus entre mes bras. Cependant, la porte continuait à ne pas s'ouvrir. Rien n'était plus naturel que les hésitations filiales du commandant. Mais la peur me prit qu'un instant plus tard il ne fût trop tard et, tout en allant doucement déposer sur un fauteuil le vieillard à demi évanoui, je jetai vers la porte cet appel suppliant : « Au nom du Ciel, entrez ! »

Enfin il entra ! Il était, lui aussi, d'une

pâleur mortelle et il dût rester un instant immobile, appuyé ou pour mieux dire accroché au battant de la porte. Le père, transfiguré, le regardait en extase.

Il se leva, tomba à genoux et dit à demi-voix : « Dieu de bonté, qui me rends un de mes enfants, que ton saint nom soit béni ! »

Lanes courut à lui, le souleva de terre, le replaça sur son fauteuil et s'agenouilla à son tour devant lui.

Ils restèrent ainsi quelques minutes dans les bras l'un de l'autre, sans parler.

Ce fut, alors, le père qui releva le fils et qui se releva lui-même sans aucune aide. Il attira le commandant sous la lumière de la lampe et, le tenant des deux mains par les épaules, il le regarda longuement en silence. Puis les questions arrivèrent en foule : « Et Julien ? Henri ? Marcel ? »

Le commandant avait d'assez bonnes nouvelles de tous trois et d'assez récentes.

De grosses larmes de joie coulèrent lentement sur la figure du vieux capitaine, de celui que j'appelais le père aux quatre fils ; mais la crise dangereuse était passée et l'ancien soldat reparut en lui, tranquille et prévoyant.

« C'est pas tout ça, mes enfants, vous devez

avoir faim, vous devez avoir aussi envie de vous laver un peu. Venez avec moi dans ma chambre, je vais aller réveiller la servante et vous faire fricasser une omelette, pendant que vous vous passerez de l'eau sur la figure. »

Il ajouta amicalement en me prenant les mains :

— « Je vous ai fait un peu peur, n'est-ce pas, Monsieur?

— Un peu beaucoup ! Sans compter que votre fils n'a pas mis grand empressement à venir à votre secours, ni au mien.

— Tout est bien qui finit bien, reprit le père. Venez enlever votre poussière et rafraîchir vos yeux. »

Le fait est que les yeux nous cuisaient pas mal et que ce n'était pas la poussière seule qui en était cause.

Après le petit souper, auquel le capitaine ne prit part que par un doigt de vin bu à nos santés, il nous donna un dernier conseil pratique qui était de dormir un peu, ne fût-ce qu'une heure. Il y joignit cette sentence : « Un soldat ne sait jamais quand il pourra dormir ni quand il pourra manger; il doit donc manger et dormir dès qu'il le peut. »

Aidé de sa servante, il nous installa par

terre deux bons matelas, s'assit près de nous dans son grand fauteuil, mit ses lunettes d'argent sur son nez, reprit son missel, et, bien qu'il en tournât les pages, ce ne fut pas là, j'en suis sûr, qu'il puisa l'élan de reconnaissance qui le transportait jusqu'à Dieu.

L'heure venue, il trouva encore en lui la force de nous accompagner jusqu'à la gare. Les prudentes objections de son fils ne purent l'en détourner.

— « Que diantre voulez-vous qui m'arrive ? Une agression dans les rues ? Mais je suis fort comme un Turc maintenant ! Et puis, j'ai bien le droit d'en faire un peu à ma tête, je suis votre aîné, quand le diable y serait ! »

Nous nous embrassâmes chaleureusement tous trois sur le marchepied du wagon; trois ardents souhaits de bonne chance furent échangés et nous poursuivîmes notre voyage sur Bordeaux. J'eus le regret de ne pas retrouver à la gare mon fidèle turco redevenu infidèle, mais il était en France et rien de fâcheux ne pouvait désormais lui arriver. J'ai toujours pensé qu'Abdel Kader Ould Salem, qui avait le cœur tendre, s'était attardé dans quelque guilledou séducteur.

L'idée m'était heureusement venue, avant de le lâcher par la ville, de lui soulager les épaules de son gros sac et de le lui faire laisser à la consigne. Ce bienfait ne fut pas perdu. Je rentrai ainsi dans ma houppelande; j'y rentrai même effectivement dès mon arrivée à Bordeaux où je repris ma tenue de campagne, pour le cas où la campagne reprendrait.

LIVRE IX

DE BORDEAUX A BORDEAUX PAR PARIS.

La famille Drechou. — Nouvelles d'André. — Le père Templier. — En route pour Paris. — Train de ravitaillement. — Drouel fils, marchand de bestiaux. — Légion d'honneur. — En quête d'un ruban. — M. Ruau, directeur de la Monnaie. — Arrivée à Paris. — Au 55 de la rue de Rivoli. — Joie poignante. — Sœur Jeanne. — De Patria, pro Patria. — Chez l'oncle Augier et chez Simone. — Mes cousins Guiard et Javain. — Camille Dupuy et Joseph Fortoul. — Retour à Bordeaux. — Autre bon gîte. — La Messine. — 1ᵉʳ mars 1871. — Sur les allées de Tourny. — Préliminaires du traité de démembrement. — Douleur muette du commandant. — Désespoir passionné de la Messine. — Némésis ! — La protestation des représentants de l'Alsace et de la Lorraine. — Vœux militaires.

1

Toute grande qu'elle fût, la ville de Bordeaux était devenue trop petite pour l'innombrable personnel politique et militaire, diplomatique et financier, qui l'encombrait.

Il n'y avait nul hôtel où se loger.

Je connaissais dans la ville une famille alliée de la nôtre : la famille Drechou.

Quel accueil me ferait-elle? Quelle place pourrait-elle me donner? C'est ce que je ne pouvais savoir, sans aller m'en informer en personne. Si indiscrète que fût la démarche, je n'hésitai pas.

Mon commandant se fit un peu prier pour me suivre, mais je finis par l'y décider. Nos amis occupaient à eux seuls une petite maison particulière à deux étages. Il me semblait plus que probable qu'ils y trouveraient bien un coin pour nous, fût-ce au grenier.

Je sonnai résolument à la porte de la rue.

Une servante descendit m'ouvrir, en même temps que le maître de la maison demandait, du haut de l'escalier, qui pouvait sonner si fort à pareille heure? La servante cria mon nom que je venais de lui donner :

— « C'est M. Déroulède.

— Qu'est ce que je vous avais dit, reprit la voix du palier; vous avez manqué le train ! Enfin, tant pis et tant mieux, car je ne vois pas du tout ce que vous alliez faire en Algérie. Montez donc. »

Je montai donc, mais fort surpris et ne comprenant pas pourquoi l'on m'accusait d'avoir manqué un train, et encore moins pourquoi on me reprochait de vouloir aller en Algérie.

— « Ah! par exemple! s'écria mon ami M. Drechou, en me voyant apparaître. Ma femme! viens donc vite! Ce n'est pas André, c'est son frère Paul! »

Au nom d'André, avant toute explication et après une rapide poignée de main, je demandai si vraiment mon frère était à Bordeaux.

Il y avait été, le matin même. A peine remis de sa blessure, il avait quitté Bruxelles, s'était embarqué à Anvers et avait débarqué à Bordeaux, où il était venu, lui aussi, redemander du service.

Mais comme il voulait être incorporé dans mon régiment de tirailleurs algériens, on l'avait envoyé en Algérie. Avant de retourner au feu, il lui fallait, lui avait-on dit, retourner au dépôt.

Ainsi renseigné sur les destinées de mon

cadet, j'avouai ce qui m'amenait, ou, pour mieux dire, ce qui nous amenait, le commandant et moi : le manque de gîte.

On interrompit les excuses dans lesquelles je me confondais, pour la forme, et nous fûmes aussitôt introduits, tous les deux, dans un petit salon qui venait d'être la chambre à coucher de frère Dé.

On y fit dresser un second lit et on y apporta une seconde table de toilette.

Il y avait d'autant plus de cordialité à nous recevoir ainsi, que l'hospitalière maison était déjà occupée par trois autres garnisaires, parmi lesquels la jeune femme et la toute jeune fille d'un Messin, Mme Marie Perrot.

Après un nettoyage à grande eau, quelques heures de sommeil et l'absorption d'une tasse de café, nous nous rendîmes, le commandant et moi, au bureau de M. Templier, transféré lui aussi à Bordeaux, avec tous les bureaux de la guerre.

M. Templier nous complimenta de notre démarche, mais il se contenta de nous demander notre adresse. Dès que besoin serait, nous serions appelés.

Comme besoin n'était pas, je demandai à mon déjà ancien et futur protecteur s'il ne lui serait pas possible de m'octroyer une permission de 48 heures, pour aller jusqu'à Paris embrasser les miens.

— « De permission ! je ne peux pas vous en donner. Cela ne me regarde pas d'ailleurs, me répondit-il de son ton bourru ; mais ce que je puis vous faire avoir, c'est une pseudo-mission qui vous procurera le moyen de rentrer à Paris sans trop de frais et sans trop de risques.

— Quels risques ? demandai-je un peu surpris. »

Le père Templier m'apprit que les journaux officiels allemands, tant ceux de Berlin, de Munich et de Dresde que celui de Versailles, me réclamaient comme un évadé ayant violé sa parole et que j'étais décrété de peine de mort, si j'étais repris.

Je protestai vivement, non pas contre la menace, mais contre l'accusation. M. Templier m'interrompit :

— « Oui, je sais, dit-il. J'ai eu, par d'autres que par vous, des nouvelles de votre évasion. Vous êtes plus que quitte avec les Allemands. Mais, croyez-moi, méfiance est mère de sûreté. Cependant, comme votre nom seul est donné et que votre signalement ne l'est pas, je vais vous faire délivrer une passe de conducteur de bœufs pour le train de ravitaillement, que l'Administration de la Guerre expédie demain matin sur Paris. Cela vous va-t-il?

— Tout me va, qui me fera aller où je veux aller, répondis-je en le remerciant.

— D'autant, reprit mon protecteur, qu'il y aura deux wagons de voyageurs attelés au train et que vous ne serez nullement obligé de monter avec les bêtes à cornes. Quant aux bêtes sans cornes, je ne réponds de rien. »

J'avais trop de joie au cœur pour ne pas rire très fort de sa plaisanterie. Il en rit lui-même plus fort que moi et me remit un mot pour le bureau des vivres.

Au moment où j'allais franchir la porte, il m'arrêta d'un signe :

— « Et la Légion d'honneur? Vous n'en avez pas de nouvelles?

— Aucune.

— Moi, si! Et de très bonnes. Votre nomination est signée. »

Je fis tout naturellement un mouvement pour revenir sur mes pas, mais un péremptoire : « Allez! allez! je n'ai pas le temps » me signifia mon congé.

II

Le bureau des vivres m'établit sur-le-champ un laissez-passer au nom approximativement exact de Drouel fils, marchand de bestiaux.

Je me hâtai d'aller raconter à mon commandant et à mes hôtes mes bonheurs inattendus. Toutefois, si ravi que je fusse de l'assurance que ma promotion de légionnaire était signée, j'avais grand regret qu'elle ne fût pas publiée.

Le futur de tous les verbes a toujours été pour moi un temps auquel je ne me fie qu'à moitié. Autre chose est de dire : « Je serai » ou « Je suis. » Le proverbe de la coupe et des lèvres est là pour l'attester. Il y a si souvent eu dans ma vie si peu de distance d'heur à malheur.

Cette fois, pourtant, mon pessimisme n'eut pas le loisir de broyer beaucoup de noir ; ma nomination parut le lendemain.

Juste au moment où sifflait le train de ravitaillement, qui allait me ramener à Paris, mon vieil ami Drechou sautait, tout essoufflé, sur le marchepied du wagon et me remettait l'*Officiel* du jour, en me jetant cet avis laconique : « C'est fait! »

Et vraiment oui! C'était fait. Première page, première colonne : « Par décret du 8 février 1871, Déroulède, Paul-Marie-Joseph, sous-lieutenant à titre auxiliaire au régiment mixte des tirailleurs algériens, est nommé chevalier de la Légion d'honneur. »

Le fils de mon grand-père Pigault-Lebrun, l'oncle Pigault, qui avait été décoré à Wagram de la main de l'empereur, avait donné de son émotion cette définition expressive : « Il me semblait que j'avais une potée de souris dans ma culotte. »

C'est à peu près aussi ce que j'avais dans la mienne, mais je n'en restai pas moins assis sur mon coussin, comme lui sur sa selle.

Je poussai le stoïcisme jusqu'à ne lire que trois fois le bienheureux décret; après quoi, je pliai soigneusement le journal et le mis dans ma poche.

Au fond ma joie était grande, très grande.

Lorsqu'avant de partir pour le camp de

Châlons, comme officier de mobiles, j'avais soigneusement décroché et mis sous clef mes plus précieux souvenirs, il en était deux que j'avais particulièrement contemplés : c'était la croix de Wagram du grand-oncle Pigault, et la croix de Cochinchine de mon oncle et parrain Alexandre Déroulède, tué à l'ennemi. Mes mains tremblaient en touchant ces reliques. L'idée orgueilleuse m'était venue que je voudrais bien, moi aussi, en laisser une comme cela à mes neveux.

Ce rêve était devenu une réalité. Une seule chose troublait mon allégresse intérieure, c'était l'impossibilité de me procurer, en cours de route, un petit bout de ruban rouge, qui eût parlé aux yeux des miens beaucoup plus éloquemment et beaucoup plus rapidement que l'*Officiel*.

J'avisai tout à coup, sur la banquette en face de moi, un monsieur à barbe noire et à lorgnon, un peu taciturne d'apparence, mais avec lequel je n'en avais pas moins échangé quelques paroles de courtoisie, en prenant en face de lui la place où il avait d'abord déposé sa couverture de voyage. Il avait justement à sa boutonnière, que dis-je, à ses boutonnières, celle de son paletot et celle de sa redingote, deux rubans de la couleur voulue. Je les eusse sans doute choisis moins étroits, n'ayant jamais compris à quel sentiment correspond le besoin de cacher sa décoration, tout en la montrant. Telles quelles, l'une ou l'autre de ces faveurs n'en devint pas moins l'objet de ma convoitise.

Quelques précautions oratoires me parurent de mise. J'entamai la conversation sur les sujets les plus variés. Ce fut en vain.

Ainsi que je l'ai dit, mon vis-à-vis était poli, mais taciturne. Les questions soulevées retombaient dans le silence, sans me donner le temps d'en arriver à mes fins.

Enfin, près d'Orléans, c'est-à-dire non loin de Paris, je ne fus plus maître de mon impatience et, finissant par où j'aurais dû commencer, je me décidai à expliquer sans ambages le vrai motif de mes indiscrètes tentatives de conversation.

Je tirai *l'Officiel* à l'appui de mon dire et demandai bravement à l'homme aux deux rubans s'il ne pourrait pas me faire don de l'un des deux.

Ma naïveté lui convint beaucoup mieux que ma stratégie, qui l'avait, me dit-il, mis un peu en garde contre moi. Il détacha de la meilleure grâce du monde l'insigne désiré, et le fit fort aimablement passer de sa boutonnière à la mienne.

Sa taciturnité fit place à une spirituelle causerie, et il me donna spontanément son adresse et son nom. Il s'appelait M. Ruau et était directeur de la Monnaie.

Son fils, qui est aujourd'hui ministre et qui a toujours été pour moi un fort aimable collègue, — toute opinion mise à part, — n'apprendra peut-être pas sans surprise que c'est par la main de son père que j'ai été effectivement décoré.

III

L'armistice n'avait rendu à Paris ni ses chevaux dévorés aux jours de famine, ni ses réverbères éteints faute de charbon. Ce fut donc à pied et à travers le crépuscule d'un soir d'hiver que je gagnai la maison paternelle.

Jamais le chemin ne m'avait paru si long, jamais pourtant je ne l'avais parcouru si vite. Je pensais n'arriver jamais.

Voici enfin l'Hôtel-de-Ville, la Tour Saint-Jacques, la rue de Rivoli !

Je trouvai le concierge en train de balayer la neige sur le seuil de la porte qu'il allait fermer. Son balai lui tomba des mains :

— « Ah ben! ah ben! en voilà une surprise! »

Ce fut tout son accueil, qui ne manquait pas pour cela de cordialité. Je lui serrai la main à la hâte et gravis l'escalier quatre à quatre.

Je sonnai si fort et à tant de reprises que, comme chez le père du commandant, ce fut le maître de la maison lui-même qui vint m'ouvrir. Une embrassade frénétique nous serra un instant l'un contre l'autre :

— « Ah! te voilà! te voilà! et sain et sauf.

— Oui, me voilà, et André aussi est sain et sauf.

— Ah! que je suis content! » disait mon père.

Il me répétait tout le temps ces mêmes mots sans lâcher prise. Je me dégageai doucement et passai vite dans le salon qui donnait dans la chambre de ma mère.

Mon père m'arrêta et, baissant la voix :

— « Oh! non, attends un peu. N'entre pas comme cela. Je sens bien par ce que je viens d'éprouver qu'il ne faut pas que tu entres comme cela. »

Le pauvre cher homme, tout tremblant d'émotion, m'étreignait de nouveau contre lui. Il me répétait à voix basse :

— « N'entre pas encore ! non ! Ta mère est revenue de Châlons très souffrante, pas en danger, mais bien souffrante. Elle est déjà au lit. Il faut la préparer peu à peu à l'idée de te revoir. »

Je me rappelai le mal que j'avais failli faire au vieux capitaine, et je laissai mon père entrer seul.

Comme moi, à Toulouse, il prit la précaution de ne pas fermer la porte. J'étais sur le seuil, dans l'ombre, immobile. Le cœur me battait bien fort.

Mon père resta une longue minute sans parler, appuyé au chevet de ma mère.

— « Qu'est-ce que tu as, mon ami ? Qu'y a-t-il ? demanda une voix bien faible.

— Dis-moi, femme, est-ce qu'une bonne nouvelle ne te ferait pas du bien ? Est-ce que ?...» et sans attendre la réponse ni achever sa phrase, emporté par l'élan maladroit d'une joie qui ne pouvait plus se contenir, il annonça tout d'une traite : « André va bien et Paul est là. »

Oui ! j'étais là ! car, moi non plus, je n'avais pas attendu la réponse ; moi non plus, je n'étais plus en état de rien attendre, de rien calculer ; non pas même de rien dire.

Mais je l'étreignais dans mes bras, ma bien aimée, je la couvrais de mes baisers, sans autres paroles que mes paroles d'enfant : « Maman, ma maman ! » Et elle, en une litanie d'amour dite et redite sans trêve parmi ses baisers : « Ah ! mon fils ! mes deux fils tous deux vivants. Que Dieu est bon ! »

Il fut encore meilleur pour moi, le bon Dieu, qui permit que tous ces transports d'émotion surhumaine, tous ces déchirements d'allégresse, qui pouvaient faire tant de mal à notre mère, lui aient fait du bien.

Au bruit de nos voix, ma petite sœur Jeanne, qui avait alors quatre ans, s'éveilla aussi dans son berceau. Elle sauta à terre dans sa grande chemise blanche, en battant des mains : « Ah ! c'est frère Paul ! bonjour, frère Paul ! »

Puis, surprise, inquiète et prête à pleurer de chagrin devant ces larmes de joie inconnues à son enfance, elle courut se réfugier dans les bras de maman, qui la rassura d'une parole et d'une caresse.

J'étais, moi, tout bonheur, tout ravissement, toute tendresse. Ce ne fut qu'au bout d'un long instant que je commençai à m'apercevoir qu'on ne s'apercevait pas du tout de ma chevalerie.

Et moi qui n'avais demandé le ruban de M. Ruau que pour éblouir mes père et mère. Peine perdue ! Ce n'était pas cela qui les éblouissait. Je compris qu'à moins de leur ouvrir moi-même les yeux, ils continueraient à ne voir que ma présence. Je me décidai donc à mettre les points sur les i :

— « Eh bien ! mais et ça dont vous ne dites rien ? »

A parler franc, le second effet que je supposais devoir être immense, fut beaucoup moindre que le premier. Tout disparaissait pour eux devant mon retour.

— Ah ! tant mieux ! mon cher enfant ! tant mieux ! dit simplement ma mère ; et mon père : « Cela ne m'étonne pas ! »

Après un assez vif sentiment de désappointement, je me sentis touché et même assez fier de ce manque de surprise. Ni mon père ni ma mère n'avaient eu besoin de me voir récompensé et, cependant, tous deux s'étaient attendus à cette récompense.

Ils n'en donnèrent pas moins une chaleureuse accolade au légionnaire. Ma Jeannette contempla mon ruban et m'accabla de ses gentils pourquoi de gamine, auxquels je répondis comme de juste : « C'est parce que j'ai été bien sage. »

— Et où as-tu été le plus sage ? » demanda mon père.

Je contai l'affaire de Montbéliard, et ce fut entre nous trois une longue causerie, où il ne fut bientôt plus question que de la France.

IV

Je parlai chaudement aux miens de Gambetta et de ses généreux efforts ; mon père me parla plus froidement du général Trochu et de sa verbeuse inertie. « Tu pourrais même dire ineptie », avait murmuré ma mère.

Je vantai le courage intermittent, mais réel, de nos pauvres armées dont on aurait pu faire quelque chose ; on me vanta l'héroïsme soutenu des Parisiens, dont on aurait pu tout faire.

Ici, comme là-bas, ce n'était pas les

hommes de cœur qui avaient manqué, c'était les hommes de tête.

A l'armée de Paris, le général Ducrot s'était conduit comme le plus intrépide des soldats, non comme un chef.

A l'armée de l'Est, ce vieux héros de Bourbaki n'avait dépensé son héroïsme que contre lui-même. La justification qu'il donnait à sa tentative de suicide ne le justifiait guère à mes yeux. Mais elle avait un accent sincère, qui ne pouvait pas ne pas toucher un auditeur impartial.

« Que voulez-vous ? disait-il, j'ai sans doute eu tort, mais quand j'ai vu que je ne pourrais jamais vaincre avec ces soldats-là et que les politiciens m'accuseraient de trahison si j'étais vaincu, alors je me suis tué ! »

La large cicatrice qu'il portait au front faisait plus que d'empêcher de sourire de cette réponse d'un homme tué qui n'était pas mort. Mais cette balle, qui n'avait fait que contourner sa tête de fer, prouvait bien que le dessous du crâne était moins solide que le dessus.

Seuls, le persévérant Chanzy, le sage Faidherbe et le rude Clinchant nous apparaissaient comme des chefs dignes de ce nom. C'est sur eux que nous faisions reposer nos espoirs, car aucun de nous ne désespérait.

Par une piété patriotique toute naturelle, autant pour ne pas m'affliger que pour ne pas outrager Paris et ses défenseurs, mon père glissa légèrement sur les criminelles émeutes du 31 octobre et du 22 janvier. En dépit de ses euphémismes, ce que j'avais vu de mes yeux et entendu de mes oreilles, avant mon départ pour Châlons, ainsi que tout ce que j'avais su du siège de Paris, m'inspirait le pressentiment qu'une formidable guerre civile éclaterait au lendemain de la guerre étrangère. J'en attribuais, d'ores et déjà, toute la responsabilité à la vaniteuse ambition du général Trochu, qui ménageait les mutins pour se ménager lui-même, plus soucieux de ce qu'il croyait être l'intérêt de sa popularité que de ce qu'il savait être l'intérêt réel de tout un peuple.

Il ne semait pas le désordre, mais il le laissait croître ; bien plus, il le cultivait comme une future récolte de suffrages, en vue de je ne sais quelle chimérique ascension vers je ne sais quel rang suprême et moins passager.

Pactiser avec l'émeute, lorsqu'on est chargé du maintien de l'ordre, est cent fois pire que d'être émeutier. Les insurgés ont, eux du moins, le courage de l'insurrection ; M. Trochu n'a pas eu, un seul instant, le courage de la répression. Ses défenseurs argüeront en vain, pour le disculper, qu'il ne constituait pas à lui seul tout le gouvernement de la Défense nationale ; il en était le chef et le chef militaire, qui plus est. Ce titre de Gouverneur de Paris, dont il s'est hypocritement démis pour ne pas signer de son nom la capitulation, qu'il avait rendue nécessaire par sa faiblesse, était plus qu'un grade, c'était une fonction et, à cette heure grave, c'était une mission. Ni la fonction, ni la mission n'ont été remplies. Il s'est dérobé à tous ses devoirs.

Pas plus que de sa palinodie vis-à-vis de l'impératrice régente, l'histoire ne l'absoudra de sa défection vis-à-vis de l'Armée et de la Nation.

Mon oncle Emile Augier, que j'allai embrasser et qui fit, lui, un très chaleureux accueil à ma croix, ne me cacha pas ses appréhensions pour l'avenir. Mais il n'avait plus en lui cette flamme d'espoir qui brillait encore au foyer paternel. Il regardait la guerre comme terminée, la paix comme prochaine, la mutilation de la France comme inévitable. Non pas qu'il ne déplorât le lamentable état de la Patrie, mais il le tenait pour irrémédiable. Ma hâte de repartir pour Bordeaux l'étonnait.

Il traitait d'entêtement chimérique mon ferme propos de retourner au feu. Ce que j'avais de mieux à faire, selon lui, après en avoir déjà tant fait, disait-il, c'était de rester tranquille à Paris auprès des miens.

Tel fut aussi l'avis de Simone. Oui, de Simone ! Et pourquoi non ? Pourquoi ne pas avouer que, si limité que fût mon temps, j'allai passer auprès d'elle une heure, une de ces belles heures d'amoureux qui ont beaucoup plus de soixante minutes et qui semblent en avoir beaucoup moins.

Ma rencontre avec elle avait été fortuite, du moins en ce qui me concerne, mais ma venue chez elle, fut volontaire, spontanée, je dirais presque implorée, si, dans l'échange de nos premiers regards, ses grands yeux bleus ne m'avaient promis par avance tous les pardons.

En réalité je lui avais préféré la France, mais non pas aucune Française. Elle eut l'heureuse inspiration de me le dire, sans que je le lui dise, et la bonne grâce de s'excuser d'avoir mis tant de temps à s'en apercevoir.

Qu'elle ait essayé, ce jour-là, de retarder mon départ de Paris et que, pour ce faire, l'habile tentatrice ait trouvé dans sa tendresse des arguments analogues à ceux qu'invoquait mon oncle dans sa sagesse, cela n'avait rien qui pût me fâcher, rien non plus qui pût me convaincre et m'arrêter.

Mes quatre autres visites parisiennes furent : l'une pour mon cousin-germain, le sous-lieutenant d'artillerie Georges Guiard, dont le capitaine avait été tué à ses côtés et qui, depuis lors, commandait en personne, une des batteries avancées du fort de Vanves. L'autre, pour mon cousin par alliance, le général Javain, qui avait organisé et dirigeait en chef la défense du 4ᵉ secteur. Tous les deux, chacun à son rang et à son poste, avaient fait beaucoup plus que leur devoir.

Georges Guiard était proposé pour la croix de chevalier, et le général Javain venait d'être nommé grand officier de la Légion d'honneur.

Quant à ma troisième recherche familiale, celle d'un autre cousin, ex-substitut à Lorient, accouru du fond de la Bretagne comme engagé volontaire, elle n'aboutit et ne pouvait aboutir à aucune rencontre. Le sergent

Camille Dupuy, au moment d'être promu sous-lieutenant et de recevoir la médaille militaire, avait quitté Paris en ballon, le 11 janvier, porteur d'un message officiel pour la délégation de Bordeaux.

Enfin, celui que j'appelais le brave des braves, Joseph Fortoul, avait été cité à l'ordre du jour, en attendant la croix.

Toutes ces récompenses méritées par les miens m'enorgueillissaient tout autant que mon propre ruban rouge.

Dans ma visite au cousin Javain, j'avais trouvé auprès de lui son incomparable compagne de guerre, que j'appelai bientôt, non par courtoisie mais par justice : « la Générale. »

Sa santé, très éprouvée par des privations matérielles et par les souffrances morales du siège, n'avait ni abattu son âme, ni diminué sa foi de Française et de chrétienne. Elle était vraiment admirable dans l'expression simple et calme de sa constance héroïque. J'eusse repris là tout mon courage, à supposer que les raisonnements alarmistes que je venais d'entendre eussent eu d'autres résultats que de m'attrister, et je remportai de là, pour ce couple vaillant, un sentiment de cordiale sympathie et de tendre vénération qui n'a fait que s'accroître avec le temps.

En rentrant chez nous, il ne restait plus trace, dans mon esprit, des préoccupations qu'y avait semées, malgré moi, l'inexorable bon sens de l'oncle Augier.

Du reste, ni mon père ni ma mère ne firent l'ombre d'une objection à ma résolution de me mettre en route dès le lendemain.

La future bataille devait, selon nous, avoir lieu plutôt en province qu'à Paris. On souhaitait qu'André me rejoignît à temps pour y prendre part. Il n'y eut délibération que sur la question de savoir dans quel régiment je serais versé et à quelle armée j'allais appartenir.

Mais que la guerre ne fût pas terminée et que la France finirait par sortir victorieuse de tant d'épreuves, nous en gardions la certitude obstinée au fond de nos trois cœurs.

Notre veillée de famille se prolongea fort avant dans la nuit.

Il faisait grand jour quand je me réveillai.

Je trouvai ma mère debout, au pied de mon lit, comme à La Neuville-en-Tourne-à-Fuy. La secousse qui eût dû l'abattre l'avait miraculeusement, quoique passagèrement, remise sur pieds.

Cette demi-résurrection lui permit de m'accompagner, avec mon père et ma sœur Jeanne, jusqu'au train qui allait, nous l'espérions, me ramener sous les drapeaux.

Un dernier adieu, une dernière étreinte des miens, un suprême effort pour ne pas nous attrister les uns les autres dans cette nouvelle séparation, aucune autre parole que des « Bonne chance! » cent fois répétés et me revoilà en route pour Bordeaux.

V

Lorsque je me présentai, le 28 février, dans les bureaux de M. Templier, je fus surpris et très déçu d'apprendre qu'il ne m'avait pas encore assigné de régiment.

Une attitude et un langage hésitants avaient fait place à sa brusquerie coutumière. Sa réponse me fit l'effet d'une énigme.

— J'en ai beaucoup d'autres à replacer avant vous; car, vous, vous n'êtes engagé que pour la durée de la guerre, n'est-il pas vrai ?

J'étais si forcené dans mon espoir ou, comme on disait, si outrancier, que je ne vis là, sur le moment, qu'une dédaigneuse boutade contre un pauvre sous-lieutenant à titre auxiliaire. Les événements ne tardèrent pas à me détromper : la boutade était un avis.

C'en était fait de la durée de la guerre !

L'Assemblée nationale, nouvellement élue et qui siégeait à Bordeaux depuis deux semaines, avait déjà été saisie des conditions de la paix exigées par le vainqueur. Les bureaux de la Chambre délibéraient ce jour-là même sur les préliminaires du traité de démembrement.

Le commandant Lanes et moi étions restés logés sous le toit amical des Drechou. Notre recherche d'un autre asile avait été vaine et nous avions dû prolonger, bon gré mal gré, notre indiscrétion. Il faut reconnaître que la cordialité de nos hôtes rendait nos remords fort peu pesants.

C'était, aussi, un « bon gîte » qui eût mérité d'être chanté comme celui de Mirebeau.

A une petite discordance près, qui était

plutôt une différence de diapason, tous les cœurs y vibraient de même.

Il y avait là, hôtesse comme nous de nos excellents hôtes, la charmante jeune femme dont j'ai parlé plus haut; très militaire, elle aussi, très patriote et croyant comme nous à la continuation de la guerre.

Elle s'appelait Mme Marie Perrot, mais je l'appelais, moi, la Messine, car, comme son mari et comme sa fille, elle était née à Metz. Elle avait pour grand'tante la belle-mère de mon vieil ami, une autre Mme Perrot, veuve d'un colonel, qui avait fait toutes les campagnes du premier Empire.

La grand'tante Perrot s'était jadis brillamment conduite au siège de Mayence, passant tranquillement sur les remparts, allant soigner les blessés, jusque sous les bombes, et donnant à tous et à toutes un exemple constant de bravoure et de bonté. Ses 84 ans ne lui avaient immobilisé que les jambes. Sa fille, qui était la femme du maître de céans, avait également l'âme bien française. Notre hôte, lui, bon négociant d'une soixantaine d'années, était plutôt pacifique; il l'était surtout devenu par la présence de son fils unique sous les drapeaux.

Mais son pacifisme, si le vilain mot d'aujourd'hui peut, en aucune sorte, être appliqué aux bonnes gens d'alors, n'allait pas jusqu'à vouloir qu'on capitulât à tout prix. Le calme bordelais se contentait de souhaiter pour la France une paix qui ne lui coûtât que des milliards.

Il est hors de doute, il faut bien le dire, que si le souhait que formulait ce brave homme, et qui était alors celui de beaucoup de Français, eût été réalisé, l'idée de revanche, n'ayant plus pour motif qu'une rancune d'orgueil et qu'une plaie d'argent, ne se serait pas ainsi transmise d'âge en âge. J'ai vu de mes propres yeux quel a été, sur cette nature tranquille et débonnaire, l'effet de révolte produit par les cruelles exigences du vainqueur. Quant à la douleur des trois femmes, elle fut poignante, et celle de l'une d'entre elles m'est restée inoubliable.

C'est le 1er mars 1871 que fut votée par l'Assemblée nationale la ratification des préliminaires du traité de paix.

N'ayant pu trouver place dans la salle des séances, qui n'était autre que le Grand-Théâtre de Bordeaux, Lanes et moi avions passé toute l'après-midi à en parcourir les abords et à errer, sur les allées de Tourny, comme deux âmes en peine, très en peine.

Enfin, un journal ou plutôt une feuille de journal parut, que s'arrachait la foule et qui contenait le texte des conditions imposées par l'Allemagne. Nous nous mîmes à le lire sur place, appuyés l'un à l'autre, immobiles, anéantis, silencieux :

« Article premier. — La France renonce, en faveur de l'empire allemand, à tous ses droits et titres sur les territoires suivants...

Hélas ! hélas ! Metz en était ! Strasbourg en était ! Colmar en était ! et Mulhouse aussi ! et aussi Guebviller ! Thionville ! Saverne ! Phalsbourg ! Neufbrisach ! Bitche ! Sarreguemines ! et d'autres encore, beaucoup d'autres !

La France livrait tout le Bas-Rhin, tout le Haut-Rhin, hormis Belfort ; les trois quarts du département de la Moselle, deux cantons du département des Vosges ! près de quinze cent mille hectares de son territoire ! plus de seize cent mille de ses enfants !

Nous restions là cloués sur place, foudroyés, atterrés. Nous n'osions ni lever la tête, ni faire un geste, ni échanger un coup d'œil.

Le tumulte des conversations et des cris qui emplissaient l'air passait inaperçu pour nous. Que disait-on? que criait-on? dans quel sens se déchaînait le courant qui nous entourait de ses flots irrités? Il nous eût été impossible d'en rien dire.

Il nous était tout aussi impossible de dire quoi que ce soit. Nous relûmes plusieurs fois la feuille douloureuse....

Voilà ce que des Français avaient consenti pour la France! Voilà à quelle extrémité de honte et de sacrifice nous en étions réduits! L'Armée allait mettre bas les armes! La Patrie allait être mutilée!

Après une quatrième lecture, le commandant m'arracha violemment le papier des mains, le froissa, le déchira, le foula aux pieds toujours en silence; puis, comme s'il eût eu honte d'être dans la rue : « Rentrons! » me dit-il brusquement.

Pas un mot ne fut échangé entre nous jusqu'au seuil de la maison. Comme nous gravissions les marches de l'escalier, cette réflexion traversa malgré moi mes lèvres : « Que doit penser la pauvre Messine? »

VI

Hélas! ce que la Messine devait penser, elle allait le dire, et furieusement et passionnément, avec une éloquence ardente et spontanée, telle que, de toute ma vie, il ne m'a jamais été donné d'entendre rien de plus poignant.

A peine avions-nous paru sur le seuil de la porte, qu'elle bondit vers nous, frémissante, désespérée.

Les imprécations ne jaillissaient pas seulement de ses lèvres, mais de tout son corps; ce n'était pas sa voix qui maudissait, c'étaient ses regards, c'était son attitude, c'étaient ses gestes, c'étaient ses mains crispées, levées sur nous comme pour nous déchirer le visage.

A voir tout à coup entrer dans le salon, où elle pleurait, des officiers en uniforme, elle ne s'était plus souvenu que de son mépris pour l'armée vaincue, qui n'avait pas su repousser l'invasion et qui n'était même plus capable de retarder la conquête. Sa rancœur éclatait en malédictions, les injures succédaient aux injures.

— Lâches ! misérables lâches ! vous avez laissé voler mon pays ! Vous n'êtes bons qu'à fuir, vous avez fui tout le temps ! Oui, tout le temps vous avez reculé ! Vous aussi, vous aussi ! comment seriez-vous là tous deux vivants si vous n'aviez pas fui ? Quelle armée de honte ! Elle ne s'est jamais battue, on l'a battue comme on bat les chiens. O mon Pays ! ils ont livré mon pays ! Demain, Metz ne sera plus Française; demain, la ville où est née mon enfant, la terre où sont ensevelis les miens depuis des générations et des générations, tout cela sera terre prussienne, ville prussienne ! Lâches ! misérables lâches ! Et vous êtes chevaliers de la Légion d'honneur ! Vous avez ramassé votre croix dans la boue des chemins que vous n'avez même pas rougis de votre sang. Arrachez-les de vos poitrines de fuyards ! On vous les rendra quand vous m'aurez rendu mon pays ! Personne, entendez-vous, personne n'a le droit de prendre un coin de France, de le donner avec tout ce qu'il contient de Français morts et vivants pour payer la rançon de ceux qui ne veulent pas combattre et qui ont si mal combattu ! Lâches ! lâches ! je vous déteste, je vous méprise, et je vous maudis !

Debout, têtes nues, fronts baissés, nous écoutions tomber sur nous, sans songer à nous défendre, ce torrent d'anathèmes qui nous pénétrait de remords, de douleur et de compassion.

Aucun sentiment de révolte ne s'y mêlait.

Et de quoi aurions-nous pu nous révolter ? Que reprocher à ces reproches ?

Il y avait tant de justice dans leur injustice, tant de vérité dans leur erreur, une telle sincérité dans leur excès !

En passant devant nous pour se retirer, la jeune Némésis s'arrêta un instant, fixa sur nos yeux humides ses yeux où la colère avait séché les larmes ; elle essaya de parler, mais ses lèvres balbutiantes ne donnèrent passage qu'à des sanglots. Longtemps encore, à travers les corridors obscurs et du fond de sa chambre, l'écho déchirant de son désespoir monta jusqu'à nous, rythmé comme un glas mortuaire.

« Pauvre femme ! » murmura le commandant. Et, comme si nous n'eussions eu à nous deux qu'une seule voix, n'ayant tous deux qu'une même pensée, il s'écria en même temps que moi : « Pauvre France ! »

VII

La commisération que je venais de ressentir en présence de l'explosion de douleur de cette Lorraine, dépossédée de sa terre natale, avait été sans égale. Sa souffrance avait remué en moi tout ce que mon cœur d'homme et de soldat pouvait contenir de pitié humaine et de piété patriotique.

La blessure, que cet instrument de supplice, qui devait s'appeler le traité de Francfort, enfonçait dans la chair vive de tant d'autres milliers de Français, je l'avais réellement vu saigner sous mes yeux ; j'avais réellement entendu résonner à mes oreilles le cri navrant des suppliciés. Et mon aversion était presque aussi grande pour le médecin français qui consentait à l'opération, que pour le chirurgien allemand qui l'exigeait.

Et, cependant, au cours même de cette

cruelle journée du 1ᵉʳ mars, au sortir de tant d'émotions déchirantes, malgré mon poignant chagrin, j'hésitai, pendant de longues heures, sur le parti que j'avais à prendre.

Quitterais-je sur-le-champ le service, — comme c'était mon droit? — Riverais-je, au contraire, à mon cou la chaîne de devoir que je croyais n'y avoir attachée que pour un temps?

J'acceptais de grand cœur l'idée de m'enrôler de nouveau quand reviendrait la guerre, — car je ne doutais pas qu'elle reviendrait, — ce que j'acceptais mal, c'était la perspective de deux ou trois ans de caserne, de deux ou trois ans de service militaire, de deux ou trois ans de renonciation aux lettres, à la vie libre, à l'heureuse et facile existence si chère à ma jeunesse, à mon indépendance et à mes goûts.

Au fond, et dans un accès d'orgueil où l'égoïsme avait sa part, je me tenais pour quitte envers la France, comme si quelques mois d'efforts et de dévouement acquittaient jamais un citoyen vis-à-vis de sa Nation!

Le compte rendu de la séance de l'Assemblée nationale, que m'apportèrent les journaux du soir, dissipa mon doute. Le devoir m'apparut clair et lumineux et mes velléités de lâcheté morale s'évanouirent comme des brumes malsaines.

Au milieu de débats politiques, plus ou moins haineux, et de récriminations de parti mutuellement injustes, mes yeux avaient tout à coup rencontré, tout d'abord parcouru, enfin lu et relu à longs traits la réconfortante protestation des Alsaciens-Lorrains, d'une dignité si fière, d'une émotion si contenue, d'une espérance si touchante, d'un patriotisme si inébranlable.

A chaque ligne, à chaque mot, ma volonté se retrempait dans la leur et mon courage renaissait de leur constance. J'écoutais retentir en moi cet irrésistible appel qui restera le document historique le plus noble, le plus beau, le plus généreux, qu'ait jamais dicté l'amour de la Patrie à des expatriés par la force.

« VOS FRÈRES D'ALSACE ET DE LORRAINE, SÉPARÉS EN CE MOMENT DE LA FAMILLE COMMUNE, CONSERVENT A LA FRANCE, ABSENTE DE LEURS FOYERS, UNE AFFECTION FILIALE JUSQU'AU JOUR OÙ ELLE REVIENDRA Y REPRENDRE SA PLACE.
LA REVENDICATION DE NOS DROITS RESTE À JAMAIS OUVERTE À TOUS ET A CHACUN. »

Toute hésitation cessa.
Que ma sous-lieutenance à titre auxiliaire

me fût ou non conservée à titre définitif, eussé-je dû redevenir le simple sergent que j'avais été le matin de mon arrivée à Tours, ou le soldat de deuxième classe que j'avais tenu à être au camp de Châlons : engagé pour la durée de la guerre, je resterais engagé pour toute la durée de la conquête!

Quand j'annonçai au commandant Lanes quelle résolution je venais de prendre, il fit ce qu'il avait fait le soir de Montbéliard, il me serra la main sans rien dire.

Une lettre aux miens leur fit part de la direction nouvelle et du nouveau but de mon existence. J'en ai là sous les yeux le texte un peu emphatique, à coup sûr, mais qui témoigne, par son emphase même, de l'extatisme mystique de ma vocation militaire.

Je croyais réellement entrer à la caserne comme on entre au couvent; je prenais le képi comme on prend le voile; je renonçais à ma vie passée comme un prêtre renonce au siècle.

Peut-être aussi, était-ce pour me consoler de mon sacrifice que je m'en exagérais la grandeur?

Qu'il en soit ainsi ou autrement, voici, tels

qu'ils furent écrits le 1ᵉʳ mars 1871, trois ou quatre passages de cette vieille missive, vieille, hélas! de plus de trente-six ans!

« . . . . . . Je vous envoie, quoique vous l'ayez peut-être déjà sous les yeux, la protestation des représentants de l'Alsace-Lorraine qui ont donné leur démission de députés français dans la séance d'aujourd'hui.

« Je vous l'envoie, parce que ce petit carré de papier noirci, que je vous demande de conserver, vient de décider de ma carrière et de ma destinée.

« Vous ne me reverrez plus; ou du moins nous ne nous reverrons plus comme nous nous voyions autrefois; je ne vivrai plus comme j'ai vécu auprès et au milieu de vous.

« . . . . Il me paraît juste qu'à l'heure, où un demi-million de Français vont être involontairement privés des joies de la Patrie, je me prive, moi, volontairement, des joies de la famille.

« Il me fera cruellement faute, ce foyer de tendresse et de bonheur, où se sont écoulées les premières années de mon enfance et les dernières années de ma jeunesse! Mais je ne dois pas seulement être prêt à me faire tuer pour la France, je dois ne plus vivre que pour elle. Mon but est de lui préparer des libérateurs et des soldats.

« Une Messine me l'a crié ce matin au milieu de ses sanglots: on n'a pas le droit de prendre un coin de la terre de France et de la jeter en pâture à l'Étranger, pour payer la rançon de ceux qui ont mal fait la guerre.

« A partir d'aujourd'hui, je me voue à la Revanche, et pour tout aussi longtemps que nos frères séparés n'auront pas été réunis à nous comme par le passé, pour tout aussi longtemps que la France absente n'aura pas repris sa place à leurs foyers, je me donne à l'Armée, corps et âme! »...

A la même date, et pour les mêmes motifs, mon frère André, encore en Algérie, annonçait son intention formelle de rentrer au collège, de se préparer à l'École Polytechnique et de fournir un canonnier de plus à la France.

Ni lui ni moi n'avons pu accomplir notre tâche jusqu'au bout.

Sa blessure — dont il vient de mourir! — s'est rouverte après sa campagne de Tunisie, et à l'infirmité de mon bras cassé, est venue s'ajouter, pour moi, l'irrémédiable boiterie d'un pied brisé.

Nous avons dû, tous deux, donner notre démission sans accepter ni l'un ni l'autre une mise en réforme, qui n'eût assuré une pension à notre retraite qu'en la rendant irrévocable.

Mais si les événements m'ont forcé à rompre mon vœu, ma volonté ne s'est jamais parjurée.

La reprise des provinces perdues, le relèvement de la Patrie, la réconciliation des vaincus dans la victoire n'a pas cessé d'être le but de mon existence.

Ma vie de citoyen et ma vie d'écrivain n'ont été et ne sont toujours que la continuation et le prolongement de ma vie de soldat.

« Corps et âme ! » telle avait été la formule de mon serment d'Annibal.

Le corps blessé a dû quitter l'armée.

L'âme est toujours sous les drapeaux.
    « Quand même ! »

TABLE

LIVRE I

DE BRESLAU A LIEBAU
✢ PAR LE GEFÄNGNISS ✢

Au Gefängniss de Breslau. — La cellule n° 6. — Étude topographique. — Premier plan d'évasion. — Mon professeur d'allemand. — Souvenirs sans date et dates avec souvenirs. — Le général von der Linden. — Deuxième emprisonnement. — La fille du geôlier. — Cours du soir. — Une protestataire polonaise. — Trésorier sans trésor. — Retards involontaires. — Un projet de révolte. — Bruits mensongers d'une conspiration impérialiste. — Protestation des officiers de Breslau. — Général prussien et sous-lieutenant français. — Nouveaux emprisonnements. — Capitulation de Metz. — Mac-Mahon et Bazaine. — Deuxième plan d'évasion. — Le camarade Jaunaux. — Adieu, Stacha! — Mise en route. — Précautions dangereuses. — La frontière de Bohême. 1

LIVRE II

✞ DE LIEBAU A MILAN, PAR VIENNE ✞

Recherche d'un guide. — La brasserie. — A la grâce de Dieu. — Mon complice. — Marche de nuit. — Tras los montes. — Chantage sans écho. — Un souvenir du Caire. — Le couteau à virole. — Rencontre d'une sentinelle. — Un poltron me fait peur. — Königshain, Autriche! — En route pour Vienne. — Dialogue inquiétant. — L'hôtelière de Baden. — Manque d'argent. — Le chef de gare de Milan. — En souvenir de Palestro. 65

LIVRE III

✞ DE MILAN A TOURS PAR LYON ✞

Le Mont-Cenis. — Beautés consolatrices. — Dans le wagon. — C'est elle, la France! — Trio d'évadés. — Lanslebourg, vingt minutes d'arrêt. — Bon buffet, meilleur buffetier. — P. P. C. au général von der Linden. — Récits mutuels. — Lyon, dix minutes d'arrestation. — Rencontre du docteur Cabasse. — Départ pour Tours. 90

TABLE 343

LIVRE IV

DE TOURS A VIERZON PAR MEUNG-SUR-LOIRE

Sur le mail. — A la belle étoile. — L'avenue de Dodone. — Un ancien compagnon de voyage en Égypte. — Hospitalité généreuse. — Un ami de Paris, Joseph Larroze. — Au Ministère de la Guerre. — Je suis nommé sergent au 4ᵉ zouaves. — Visite à l'archevêché. — Remise à M. Crémieux de la protestation des officiers français. — Conversation avec M. Glais-Bizoin. — Rencontre de Gambetta. — Dans l'antichambre du ministre. — Olivier Bixio. — Jugement sur Bazaine. — Je suis nommé sous-lieutenant aux tirailleurs algériens. — Monsieur Templier. — Arrivée au corps. — Présentation froide, accueil glacé. — L'intrus. — Ma première inspection d'armes. — Une heureuse épreuve. — Le commandant Louis Lanes. — Camp sous Bourges. — Éclipse et aurore boréale. — Une réminiscence d'Agrippa d'Aubigné. 103

LIVRE V

✢ DE VIERZON A MONTBÉLIARD PAR DIJON ✢

Noël! — Sans nouvelles. — Vers l'Armée de l'Est. — Revue de départ. — Belcassem Ben Sliman. — Les Bourguignons. — Marches sans rencontre. — Mauvaise

bumeur et mauvaise querelle. — Conciliation. — Le bon
gîte et la cocarde. — Le déblocus de Belfort. — La
journée de Saint-Julien. — Esprit de corps. — Officiers, sous-officiers et soldats. — Portraits et silhouettes. — Réflexions sur la journée de Sedan. —
Montbéliard. 137

LIVRE VI

DE MONTBELIARD A PONTARLIER
✢ PAR SOMBACOUR ✢

En retraite ! — Chemins de neige. — Du cognac de la
Charente. — Pillage d'un convoi. — Trahis=contents. —
La défense de Torpes. — Retour à Quingey. —
Paperasserie administrative. — Distribution illicite. —
Bill d'indemnité. — Planche de salut. — La débandade.
— Sombacour. — Une colonne mixte. — Fuyards
ralliés. — La chanson des roues 221

LIVRE VII

DE PONTARLIER AU PAYS DE GEX
✢ PAR LA GORGE DE COVATAN ✢

Campement de débandés. — Fumée sans feu. — Un Pontinalien. — A l'auberge de la Poste. — Un toast. —
L'armistice. — Coups de fusils. — L'armée de l'Est

oubliée. — La trouée. — Marche de nuit. — Décimés.
— Le tambour nègre Abdel Kader. — Au village des
Fourgs. — Suprême conciliabule. — Ma protestation.
— Pas d'internement en Suisse. — Le commandant
Lanes m'approuve. — Adieux aux turcos. — Déguisement. — Attachement compromettant. — Mort du
colonel Achilli. — La gorge de Covatan. — Une facétie
d'Abdel Kader. — Pays de Gex, pays de France.. . 259

LIVRE VIII

✝ DE GEX A BORDEAUX PAR TOULOUSE ✝

Le père aux quatre fils. — Joie fait mal et joie fait peur.
— Actions de grâce. — Conseils pratiques. — Disparition du tambour nègre. 292

LIVRE IX

✝ DE BORDEAUX A BORDEAUX PAR PARIS ✝

La famille Drechou. — Nouvelles d'André. — Le père
Templier. — En route pour Paris. — Train de ravitaillement. — Drouel fils, marchand de bestiaux. —
Légion d'honneur. — En quête d'un ruban. — M. Ruau,
directeur de la Monnaie. — Arrivée à Paris. — Au
55 de la rue de Rivoli. — Joie poignante. — Sœur
Jeanne. — De Patria, pro Patria. — Chez l'oncle

Augier et chez Simone. — Mes cousins Guiard et Javain. — Camille Dupuy et Joseph Fortoul. — Retour à Bordeaux. — Autre bon gîte. — La Messine. — 1er mars 1871. — Sur les allées de Tourny. — Préliminaires du traité de démembrement. — Douleur muette du commandant Lanes. — Désespoir passionné de la Messine. — Némésis ! — La protestation des représentants de l'Alsace et de la Lorraine. — Vœux militaires 301

PARIS
Imprimerie PAUL DUPONT

4, rue du Bouloi, 4

1907

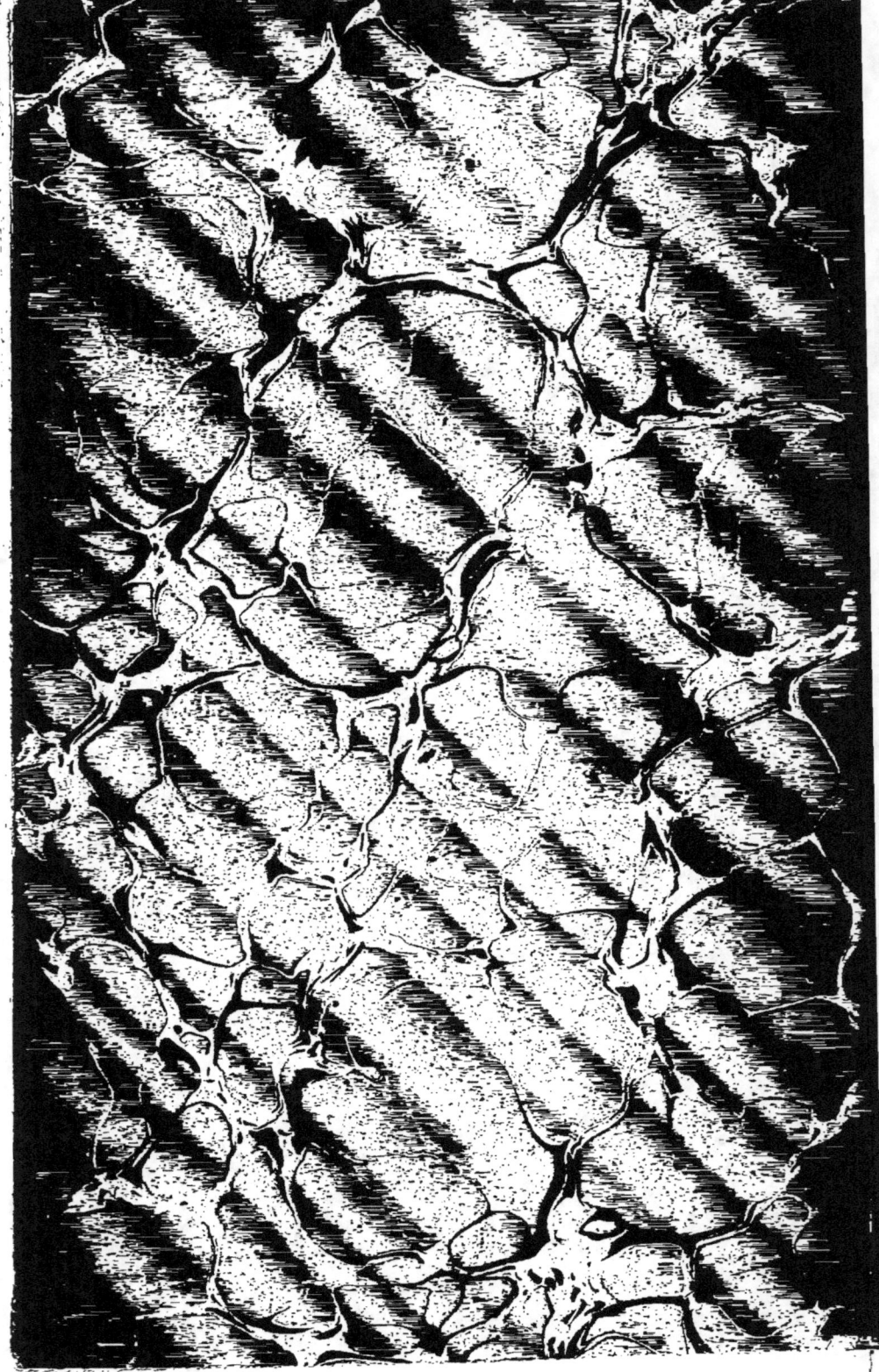

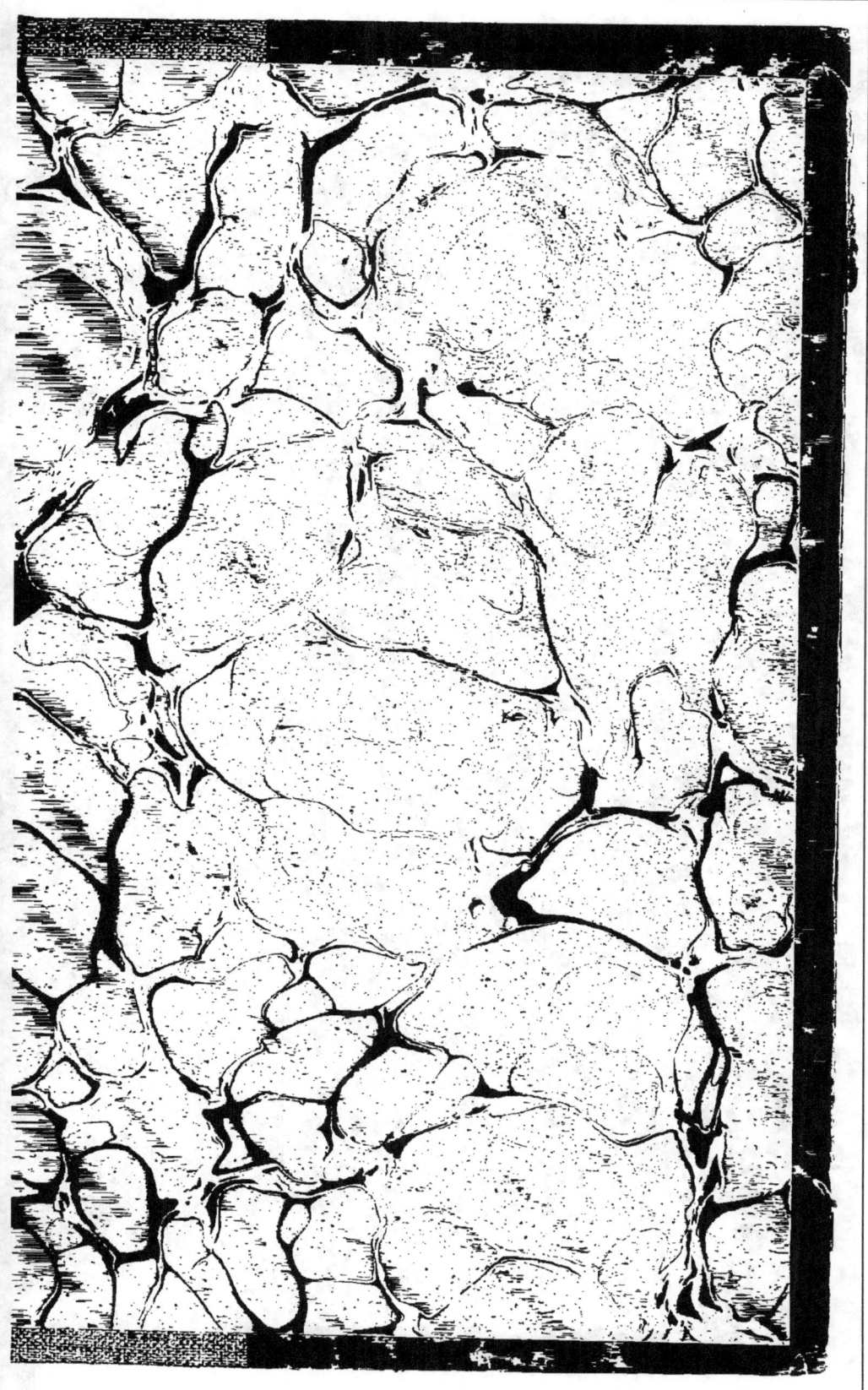

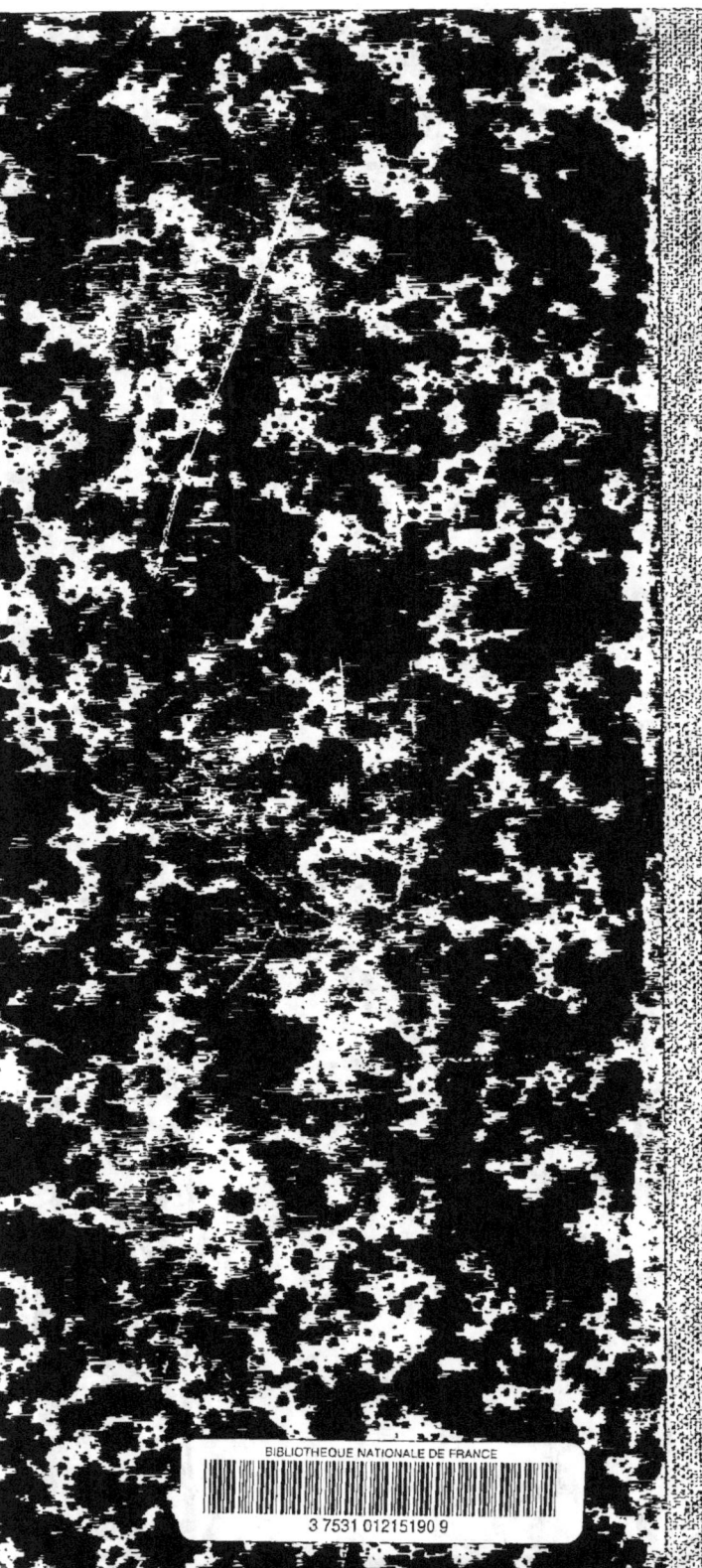

www.ingramcontent.com/pod-product-compliance
Lightning Source LLC
Chambersburg PA
CBHW071948220426
43662CB00009B/1040